쓰고 채우며 돌아보는

토닥토닥 영성성경

쓰고 채우며 돌아보는

토닥토닥 영성성경

성서원 편집부 지음

성서원

"토닥토닥"

길어지는 팬데믹으로 인해 우리 모두 힘겨운 시절을 보내고 있습니다. 이런 때에 믿는 자가 온전히 하나님의 말씀대로 살아가기란 결코 쉬운 일이 아닙니다. 그래도 우리는 삶의 모든 환경과 기로에서 오직 하나님의 말씀을 삶의 나침반으로, 생활의 길라잡이로 삼아야 합니다. 그것이 세상 모든 역경과 난관을 능히 극복하고 넉넉히 이기는 유일한 길이기 때문입니다. 우리는 마음가짐을 단단히 하고, 성경으로 돌아가 하나님의 말씀이 내게 무엇을 요구하고 어떻게 행하라고 하는지를 올바로 깨닫고 그대로 살아가야 합니다. 그러기 위해서는 영성을 계발하고 자라나게 하는 일에 날마다 힘써야 합니다.

영성靈性은 '신령한 품성'을 뜻하는 말입니다. 성경은 우리가 그리스도의 거룩한 품성에 이르도록 더욱 힘쓸 것을 권면하고 있습니다. 궁극적인 목표를 예수 그리스도로 삼고 날마다, 매순간 정진하라는 권면입니다. 영성 계발은 죽는 그 순간까지 단 한 순간도 멈춤 없이 계속되어야 하는 모든 크리스천의 거룩한 과제입니다. 그런 과제를 푸는 데 도움이 되도록, 이 책은 성경 전체 중 영성의 구절에 집중하여 구성했습니다. 영성을 큰 주제 삼아 그에 부합하는 작은 주제들을 25개로 정리한 뒤 각 주제마다 10~30개의 성경구절을 엄선하여 실었습니다. 25개의 작은 주제들은 다음과 같습니다.

거듭남과 새 삶, 믿음과 신앙, 기도와 간구, 헌신과 충성, 복음과 십자가의 도, 회개와 변화, 말씀과 성경, 분투와 승리, 화목과 화평, 성도의 삶, 전도와 선교, 교회와 직분, 형제사랑과 이웃사랑, 성결과 거룩함, 연합과 일치, 성숙과 절제, 효도와 부모공경, 시련과 환난, 겸손과 온유, 성도의 교제, 성령의 사역, 하나님의 주권, 예배와 경배, 하나님의 섭리와 경륜, 제자의 길.

각 주제는 영적 성숙에 도움을 주는 영성의 말씀들이므로, 한 구절 한 구절 따라 쓰는 가운데 여러분은 자신도 모르는 사이에 신앙이 자라나고 영성이 다져지는 놀라운 체험을 하게 될 것입니다. 또한 선별된 구절들 가운데는 우리가 익히 들어왔고 자주 읽었으며 크게 은혜 받은 말씀들이 많이 포함되어 있습니다. 그러므로 말씀을 읽고 따라 쓰다 보면 우리의 마음을 토닥토닥 격려하시는 주님의 따사로운 손길을 충분히 느낄 수 있을 것입니다. 진실로 이 책을 접하기 이전보다 접한 이후의 당신은 이전보다 더욱 계발된 견고한 영성을 체험하게 될 것입니다.

이에 더하여, 우리의 연약한 신앙을 강하게 하는 감동적인 영성 칼럼들이 각 주제의 성경구절이 끝날 때마다 소개되어 있습니다. 또한 성경구절을 전부 따라 쓴 후에는 '주제별 영성노트'와 '주제별 감사기도'를 통해, 말씀 속으로 더욱 깊이 빠져드는 은혜의 시간을 가질 수 있습니다.

모쪼록 [토닥토닥 영성성경]과 더불어 주제별 핵심 성경구절을 따라 쓰고 묵상하며 기도하는 가운데, 주님 안에서 영성을 계발하는 소중한 시간들을 갖기를 소망합니다. 샬롬!

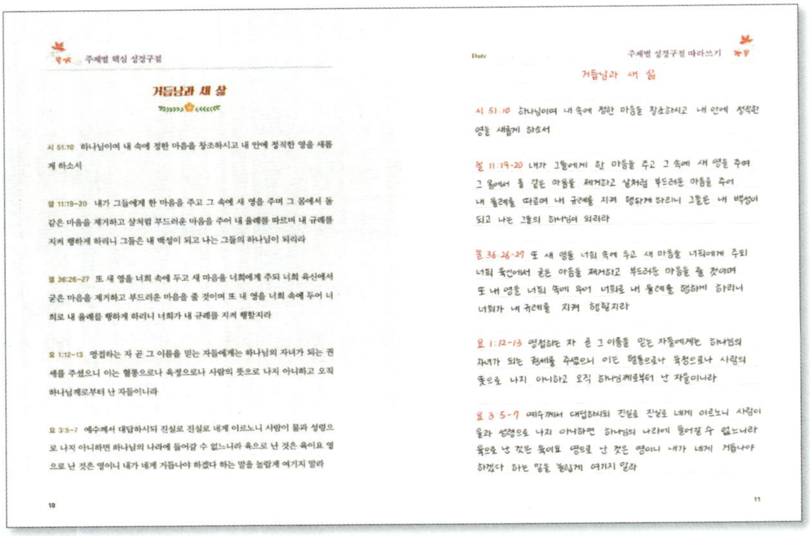

주제별 핵심 성경구절

거듭남과 새 삶

시 51:10 하나님이여 내 속에 정한 마음을 창조하시고 내 안에 정직한 영을 새롭게 하소서

겔 11:19-20 내가 그들에게 한 마음을 주고 그 속에 새 영을 주며 그 몸에서 돌 같은 마음을 제거하고 살처럼 부드러운 마음을 주어 내 율례를 따르며 내 규례를 지켜 행하게 하리니 그들은 내 백성이 되고 나는 그들의 하나님이 되리라

겔 36:26-27 또 새 영을 너희 속에 두고 새 마음을 너희에게 주되 너희 육신에서 굳은 마음을 제거하고 부드러운 마음을 줄 것이며 또 내 영을 너희 속에 두어 너희로 내 율례를 행하게 하리니 너희가 내 규례를 지켜 행할지라

요 1:12-13 영접하는 자 곧 그 이름을 믿는 자들에게는 하나님의 자녀가 되는 권세를 주셨으니 이는 혈통으로나 육정으로나 사람의 뜻으로 나지 아니하고 오직 하나님께로부터 난 자들이니라

요 3:5-7 예수께서 대답하시되 진실로 진실로 네게 이르노니 사람이 물과 성령으로 나지 아니하면 하나님의 나라에 들어갈 수 없느니라 육으로 난 것은 육이요 영으로 난 것은 영이니 내가 네게 거듭나야 하겠다 하는 말을 놀랍게 여기지 말라

10

Date

주제별 성경구절 따라쓰기

거듭남과 새 삶

시 51:10 하나님이여 내 속에 정한 마음을 창조하시고 내 안에 정직한 영을 새롭게 하소서

겔 11:19-20 내가 그들에게 한 마음을 주고 그 속에 새 영을 주며 그 몸에서 돌 같은 마음을 제거하고 살처럼 부드러운 마음을 주어 내 율례를 따르며 내 규례를 지켜 행하게 하리니 그들은 내 백성이 되고 나는 그들의 하나님이 되리라

겔 36:26-27 또 새 영을 너희 속에 두고 새 마음을 너희에게 주되 너희 육신에서 굳은 마음을 제거하고 부드러운 마음을 줄 것이며 또 내 영을 너희 속에 두어 너희로 내 율례를 행하게 하리니 너희가 내 규례를 지켜 행할지라

요 1:12-13 영접하는 자 곧 그 이름을 믿는 자들에게는 하나님의 자녀가 되는 권세를 주셨으니 이는 혈통으로나 육정으로나 사람의 뜻으로 나지 아니하고 오직 하나님께로부터 난 자들이니라

요 3:5-7 예수께서 대답하시되 진실로 진실로 네게 이르노니 사람이 물과 성령으로 나지 아니하면 하나님의 나라에 들어갈 수 없느니라 육으로 난 것은 육이요 영으로 난 것은 영이니 내가 네게 거듭나야 하겠다 하는 말을 놀랍게 여기지 말라

11

Q. 왜 성경 전부가 아니고, 주제별로 성경구절을 뽑았나요?

A. 이 책은 지치고 힘겨운 팬데믹 시대에 말씀을 더욱 뜨겁게 사모하는 성도들이 하나님의 말씀으로 영성을 계발하는 시간을 갖도록 위해 특별히 기획되었습니다. 그래서 성경말씀 중 영성을 큰 주제 삼고, 작은 주제들을 25개로 정리한 뒤에 그에 부합하는 핵심 성경구절들을 선별했습니다.

Q. 각각의 주제는 무슨 기준으로, 어떻게 뽑았나요?

A. 큰 주제는 이 책의 제목 그대로 '영성'입니다. 성경 전체 중 영성에 부합하는 25개의 작은 주제들을 뽑은 뒤 '거듭남과 새 삶' 같은 찬송가의 방식을 빌려 유사한 주제 두 개를 엮었습니다. 아마도 25개의 작은 주제들은 성경을 통틀어 영성에 관한 하나님의 말씀을 잘 전달해줄 것으로 확신합니다.

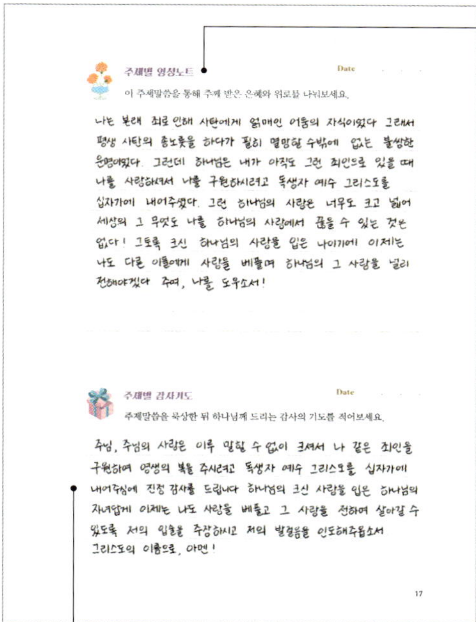
주제별 영성노트 Date

이 주제말씀을 통해 주께 받은 은혜와 위로를 나눠보세요.

나는 본래 죄로 인해 사탄에게 얽매인 어둠의 자식이었다 그래서 평생 사탄의 종노릇을 하다가 필히 멸망할 수밖에 없는 불쌍한 운명이었다. 그런데 하나님은 내가 아직도 그런 죄인으로 있을 때 나를 사랑하셔서 나를 구원하시려고 독생자 예수 그리스도를 십자가에 내어주셨다. 그런 하나님의 사랑은 너무도 크고 넓어 세상의 그 무엇도 나를 하나님의 사랑에서 끊을 수 있는 것은 없다! 그토록 크신 하나님의 사랑을 입은 나이기에 이제는 나도 다른 이들에게 사랑을 베풀며 하나님의 그 사랑을 널리 전해야겠다 주여, 나를 도우소서!

주제별 감사기도 Date

주제말씀을 묵상한 뒤 하나님께 드리는 감사의 기도를 적어보세요.

주님, 주님의 사랑은 이루 말할 수 없이 크셔서 나 같은 죄인을 구원하여 영생의 복을 주시려고 독생자 예수 그리스도를 십자가에 내어주심에 진정 감사를 드립니다 하나님의 크신 사랑을 입은 하나님의 자녀답게 이제는 나도 사랑을 베풀고 그 사랑을 전하여 살아갈 수 있도록 저의 입술을 주장하시고 저의 발걸음을 인도해주옵소서 그리스도의 이름으로, 아멘!

17

Q. 주제별 영성노트 공간에는 어떤 내용을 적어야 하나요?

A. 주제 말씀을 따라 쓴 후에 그 말씀을 고요히 묵상하며 정리하는 공간입니다. 마치 일기를 쓰듯 자신을 돌아보며 주제에 관한 성경구절들을 음미하는 가운데 말씀으로 위로받고 은혜 받은 점들을 간략하게 메모합니다. 딱히 정해진 형식이나 내용은 없고, 말씀을 통해 내가 무엇을 깨달았고 무엇이 부족했는지, 그저 마음 속에 떠오르는 것을 스케치하듯 적어보면 됩니다(날짜와 시간을 기록해도 됩니다). 이런 작업들이 쌓이면 영성 훈련과 신앙 성숙에 크게 도움이 될 것입니다.

Q. 주제별 감사기도는 무엇인가요?

A. 마치 소가 음식물을 되새김질하듯, 따라 쓴 주제 말씀들을 찬찬히 되새겨 보면서 하나님을 향한 '감사의 기도'를 적어보는 공간입니다.

Q. 주제별 감사기도의 공간에는 무얼 적으면 좋을까요?

A. 주제 말씀들을 따라 쓰다 보면, 주님께 감사할 일들이 떠오를 거예요. 그런 감사의 말들을 기도 형식으로 적으면 됩니다. 이런 훈련은 주님 안에서의 자기 계발과 성장에 많은 도움이 될 것입니다.

차례

Spirituality

영성성경

거듭남과 새 삶

시 51:10 하나님이여 내 속에 정한 마음을 창조하시고 내 안에 정직한 영을 새롭게 하소서

겔 11:19-20 내가 그들에게 한 마음을 주고 그 속에 새 영을 주며 그 몸에서 돌 같은 마음을 제거하고 살처럼 부드러운 마음을 주어 내 율례를 따르며 내 규례를 지켜 행하게 하리니 그들은 내 백성이 되고 나는 그들의 하나님이 되리라

겔 36:26-27 또 새 영을 너희 속에 두고 새 마음을 너희에게 주되 너희 육신에서 굳은 마음을 제거하고 부드러운 마음을 줄 것이며 또 내 영을 너희 속에 두어 너희로 내 율례를 행하게 하리니 너희가 내 규례를 지켜 행할지라

요 1:12-13 영접하는 자 곧 그 이름을 믿는 자들에게는 하나님의 자녀가 되는 권세를 주셨으니 이는 혈통으로나 육정으로나 사람의 뜻으로 나지 아니하고 오직 하나님께로부터 난 자들이니라

요 3:5-7 예수께서 대답하시되 진실로 진실로 네게 이르노니 사람이 물과 성령으로 나지 아니하면 하나님의 나라에 들어갈 수 없느니라 육으로 난 것은 육이요 영으로 난 것은 영이니 내가 네게 거듭나야 하겠다 하는 말을 놀랍게 여기지 말라

롬 12:2 너희는 이 세대를 본받지 말고 오직 마음을 새롭게 함으로 변화를 받아 하나님의 선하시고 기뻐하시고 온전하신 뜻이 무엇인지 분별하도록 하라

고후 5:17 그런즉 누구든지 그리스도 안에 있으면 새로운 피조물이라 이전 것은 지나갔으니 보라 새 것이 되었도다

갈 2:20 내가 그리스도와 함께 십자가에 못 박혔나니 그런즉 이제는 내가 사는 것이 아니요 오직 내 안에 그리스도께서 사시는 것이라 이제 내가 육체 가운데 사는 것은 나를 사랑하사 나를 위하여 자기 자신을 버리신 하나님의 아들을 믿는 믿음 안에서 사는 것이라

갈 6:15 할례나 무할례가 아무 것도 아니로되 오직 새로 지으심을 받는 것만이 중요하니라

엡 2:1, 3-5 그는 허물과 죄로 죽었던 너희를 살리셨도다 전에는 우리도 다 그 가운데서 우리 육체의 욕심을 따라 지내며 육체와 마음의 원하는 것을 하여 다른 이들과 같이 본질상 진노의 자녀이었더니 긍휼이 풍성하신 하나님이 우리를 사랑하신 그 큰 사랑을 인하여 허물로 죽은 우리를 그리스도와 함께 살리셨고 (너희는 은혜로 구원을 받은 것이라)

엡 4:22-24 너희는 유혹의 욕심을 따라 썩어져 가는 구습을 따르는 옛 사람을 벗어 버리고 오직 너희의 심령이 새롭게 되어 하나님을 따라 의와 진리의 거룩함으로 지으심을 받은 새 사람을 입으라

골 3:8-10 이제는 너희가 이 모든 것을 벗어 버리라 곧 분함과 노여움과 악의와 비방과 너희 입의 부끄러운 말이라 너희가 서로 거짓말을 하지 말라 옛 사람과 그 행위를 벗어 버리고 새 사람을 입었으니 이는 자기를 창조하신 이의 형상을 따라 지식에까지 새롭게 하심을 입은 자니라

딛 3:5 우리를 구원하시되 우리가 행한 바 의로운 행위로 말미암지 아니하고 오직 그의 긍휼하심을 따라 중생의 씻음과 성령의 새롭게 하심으로 하셨나니

벧전 1:3-4 우리 주 예수 그리스도의 아버지 하나님을 찬송하리로다 그의 많으신 긍휼대로 예수 그리스도를 죽은 자 가운데서 부활하게 하심으로 말미암아 우리를 거듭나게 하사 산 소망이 있게 하시며 썩지 않고 더럽지 않고 쇠하지 아니하는 유업을 잇게 하시나니 곧 너희를 위하여 하늘에 간직하신 것이라

벧전 1:23 너희가 거듭난 것은 썩어질 씨로 된 것이 아니요 썩지 아니할 씨로 된 것이니 살아 있고 항상 있는 하나님의 말씀으로 되었느니라

하나님께 드리는 참된 예배

외딴 밧모 섬에 유배되어 있을 때, 사도 요한은
환상 가운데서 구원받은 백성이 천사들과 더불어
하나님께 예배드리고 있는 모습을 보았다.
영광스러운 보좌에 앉으신 하나님을 향한 웅장한 찬양과
완전한 부복의 모습은 참된 예배의 광경을 잘 보여준다.
본질상 모든 예배는 하나님을 높이는 것이며,
그분의 성호와 성품과 사역을 기리고 찬양하는 것이다.
비록 오늘날 우리의 지상 예배가 웅장한 천상의 예배에 비해
조촐하고 불완전하다고 해도, 하나님을 향한
감사와 찬양의 마음이 가득하다면,
하나님께서 기쁘게 받으시는 예배가 될 것이다.

주제별 영성노트

Date . . .

이 주제 말씀을 통해 주께 받은 은혜와 위로를 나눠보세요.

주제별 감사기도

Date . . .

주제 말씀을 묵상한 뒤 하나님께 드리는 감사의 기도를 적어보세요.

믿음과 신앙

창 15:6 아브람이 여호와를 믿으니 여호와께서 이를 그의 의로 여기시고

대하 20:20 너희는 너희 하나님 여호와를 신뢰하라 그리하면 견고히 서리라

잠 3:5-6 너는 마음을 다하여 여호와를 신뢰하고 네 명철을 의지하지 말라 너는 범사에 그를 인정하라 그리하면 네 길을 지도하시리라

사 26:3-4 주께서 심지가 견고한 자를 평강하고 평강하도록 지키시리니 이는 그가 주를 신뢰함이니이다 너희는 여호와를 영원히 신뢰하라 주 여호와는 영원한 반석이심이로다

렘 39:18 내가 반드시 너를 구원할 것인즉 네가 칼에 죽지 아니하고 네가 노략물같이 네 목숨을 얻을 것이니 이는 네가 나를 믿었음이라 여호와의 말씀이니라

마 17:20 진실로 너희에게 이르노니 만일 너희에게 믿음이 겨자씨 한 알 만큼만 있어도 이 산을 명하여 여기서 저기로 옮겨지라 하면 옮겨질 것이요 또 너희가 못할 것이 없으리라

막 9:23 예수께서 이르시되 할 수 있거든이 무슨 말이냐 믿는 자에게는 능히 하지 못할 일이 없느니라

막 16:16 믿고 세례를 받는 사람은 구원을 얻을 것이요 믿지 않는 사람은 정죄를 받으리라

요 5:24 내 말을 듣고 또 나 보내신 이를 믿는 자는 영생을 얻었고 심판에 이르지 아니하나니 사망에서 생명으로 옮겼느니라

요 14:1 너희는 마음에 근심하지 말라 하나님을 믿으니 또 나를 믿으라

요 20:31 오직 이것을 기록함은 너희로 예수께서 하나님의 아들 그리스도이심을 믿게 하려 함이요 또 너희로 믿고 그 이름을 힘입어 생명을 얻게 하려 함이니라

행 16:31 주 예수를 믿으라 그리하면 너와 네 집이 구원을 받으리라

롬 1:17 복음에는 하나님의 의가 나타나서 믿음으로 믿음에 이르게 하나니 기록된 바 오직 의인은 믿음으로 말미암아 살리라 함과 같으니라

롬 3:28 그러므로 사람이 의롭다 하심을 얻는 것은 율법의 행위에 있지 않고 믿음으로 되는 줄 우리가 인정하노라

롬 5:1 그러므로 우리가 믿음으로 의롭다 하심을 받았으니 우리 주 예수 그리스도로 말미암아 하나님과 화평을 누리자

롬 10:9-10 네가 만일 네 입으로 예수를 주로 시인하며 또 하나님께서 그를 죽은 자 가운데서 살리신 것을 네 마음에 믿으면 구원을 받으리라 사람이 마음으로 믿어 의에 이르고 입으로 시인하여 구원에 이르느니라

고전 15:2 너희가 만일 내가 전한 그 말을 굳게 지키고 헛되이 믿지 아니하였으면 그로 말미암아 구원을 받으리라

고전 16:13 깨어 믿음에 굳게 서서 남자답게 강건하라

갈 2:16 사람이 의롭게 되는 것은 율법의 행위로 말미암음이 아니요 오직 예수 그리스도를 믿음으로 말미암는 줄 알므로 우리도 그리스도 예수를 믿나니 이는 우리가 율법의 행위로써가 아니고 그리스도를 믿음으로써 의롭다 함을 얻으려 함이라

갈 5:6 그리스도 예수 안에서는 할례나 무할례나 효력이 없으되 사랑으로써 역사하는 믿음뿐이니라

엡 2:8 너희는 그 은혜에 의하여 믿음으로 말미암아 구원을 받았으니 이것은 너희에게서 난 것이 아니요 하나님의 선물이라

골 2:6-7 그러므로 너희가 그리스도 예수를 주로 받았으니 그 안에서 행하되 그 안에 뿌리를 박으며 세움을 받아 교훈을 받은 대로 믿음에 굳게 서서 감사함을 넘치게 하라

딤전 6:12 믿음의 선한 싸움을 싸우라 영생을 취하라 이를 위하여 네가 부르심을 받았고 많은 증인 앞에서 선한 증언을 하였도다

히 11:1-3 믿음은 바라는 것들의 실상이요 보이지 않는 것들의 증거니 선진들이 이로써 증거를 얻었느니라 믿음으로 모든 세계가 하나님의 말씀으로 지어진 줄을 우리가 아나니 보이는 것은 나타난 것으로 말미암아 된 것이 아니니라

히 11:6 믿음이 없이는 하나님을 기쁘시게 하지 못하나니 하나님께 나아가는 자는 반드시 그가 계신 것과 또한 그가 자기를 찾는 자들에게 상 주시는 이심을 믿어야 할지니라

약 2:22 믿음이 그의 행함과 함께 일하고 행함으로 믿음이 온전하게 되었느니라

벧전 2:6 보라 내가 택한 보배로운 모퉁잇돌을 시온에 두노니 그를 믿는 자는 부끄러움을 당하지 아니하리라

요일 5:4-5 무릇 하나님께로부터 난 자마다 세상을 이기느니라 세상을 이기는 승리는 이것이니 우리의 믿음이니라 예수께서 하나님의 아들이심을 믿는 자가 아니면 세상을 이기는 자가 누구냐

유 1:3 성도에게 단번에 주신 믿음의 도를 위하여 힘써 싸우라

혀를 잘 길들여라

작은 크기에 비해 엄청난 영향력을 행사하는 것이 있다면,
그것은 단연 사람의 '혀'다.
잘 길들인 혀는 말의 재갈이나 배의 키처럼 올바른 방향을 잡아주지만,
잘못 사용된 혀는 모든 것을 허망하게 태우는
지옥불과 같고 죽이는 독과 같다.
입을 통해 내뱉은 말을 다시 거두어들이고 싶었던 적이 얼마나 많은가!
하지만 그럴 수 없다. 이제 믿는 자들은 부단한 훈련을 통해
혀를 길들여야 한다. 하나님께 찬양을 드리는 혀로, 형제를 격려하는 혀로,
이웃을 위로하는 그런 혀로 길들여야 한다.

주제별 영성노트

Date . . .

이 주제 말씀을 통해 주께 받은 은혜와 위로를 나눠보세요.

주제별 감사기도

Date . . .

주제 말씀을 묵상한 뒤 하나님께 드리는 감사의 기도를 적어보세요.

기도와 간구

삼하 22:7 내가 환난 중에서 여호와께 아뢰며 나의 하나님께 아뢰었더니 그가 그의 성전에서 내 소리를 들으심이여 나의 부르짖음이 그의 귀에 들렸도다

대하 7:14 내 이름으로 일컫는 내 백성이 그들의 악한 길에서 떠나 스스로 낮추고 기도하여 내 얼굴을 찾으면 내가 하늘에서 듣고 그들의 죄를 사하고 그들의 땅을 고칠지라

시 32:6 이로 말미암아 모든 경건한 자는 주를 만날 기회를 얻어서 주께 기도할지라 진실로 홍수가 범람할지라도 그에게 미치지 못하리이다

시 61:1-4 하나님이여 나의 부르짖음을 들으시며 내 기도에 유의하소서 내 마음이 약해 질 때에 땅 끝에서부터 주께 부르짖으오리니 나보다 높은 바위에 나를 인도하소서 주는 나의 피난처시요 원수를 피하는 견고한 망대이심이니이다 내가 영원히 주의 장막에 머물며 내가 주의 날개 아래로 피하리이다

시 81:10 나는 너를 애굽 땅에서 인도하여 낸 여호와 네 하나님이니 네 입을 크게 열라 내가 채우리라

시 130:1-2 여호와여 내가 깊은 곳에서 주께 부르짖었나이다 주여 내 소리를 들으시며 나의 부르짖는 소리에 귀를 기울이소서

시 138:3 내가 간구하는 날에 주께서 응답하시고 내 영혼에 힘을 주어 나를 강하게 하셨나이다

시 145:18-19 여호와께서는 자기에게 간구하는 모든 자 곧 진실하게 간구하는 모든 자에게 가까이 하시는도다 그는 자기를 경외하는 자들의 소원을 이루시며 또 그들의 부르짖음을 들으사 구원하시리로다

잠 15:29 여호와는 악인을 멀리 하시고 의인의 기도를 들으시느니라

렘 29:12-13 너희가 내게 부르짖으며 내게 와서 기도하면 내가 너희들의 기도를 들을 것이요 너희가 온 마음으로 나를 구하면 나를 찾을 것이요 나를 만나리라

렘 33:3 너는 내게 부르짖으라 내가 네게 응답하겠고 네가 알지 못하는 크고 은밀한 일을 네게 보이리라

마 6:6 너는 기도할 때에 네 골방에 들어가 문을 닫고 은밀한 중에 계신 네 아버지께 기도하라 은밀한 중에 보시는 네 아버지께서 갚으시리라

Date . . .

마 7:7-8 구하라 그리하면 너희에게 주실 것이요 찾으라 그리하면 찾아낼 것이요 문을 두드리라 그리하면 너희에게 열릴 것이니 구하는 이마다 받을 것이요 찾는 이는 찾아낼 것이요 두드리는 이에게는 열릴 것이니라

마 21:22 너희가 기도할 때에 무엇이든지 믿고 구하는 것은 다 받으리라 하시니라

막 11:24 그러므로 내가 너희에게 말하노니 무엇이든지 기도하고 구하는 것은 받은 줄로 믿으라 그리하면 너희에게 그대로 되리라

요 14:13-14 너희가 내 이름으로 무엇을 구하든지 내가 행하리니 이는 아버지로 하여금 아들로 말미암아 영광을 받으시게 하려 함이라 내 이름으로 무엇이든지 내게 구하면 내가 행하리라

롬 8:26-27 이와 같이 성령도 우리의 연약함을 도우시나니 우리는 마땅히 기도할 바를 알지 못하나 오직 성령이 말할 수 없는 탄식으로 우리를 위하여 친히 간구하시느니라 마음을 살피시는 이가 성령의 생각을 아시나니 이는 성령이 하나님의 뜻대로 성도를 위하여 간구하심이니라

엡 6:18 모든 기도와 간구를 하되 항상 성령 안에서 기도하고 이를 위하여 깨어 구하기를 항상 힘쓰며 여러 성도를 위하여 구하라

빌 4:6 아무 것도 염려하지 말고 다만 모든 일에 기도와 간구로, 너희 구할 것을 감사함으로 하나님께 아뢰라

살전 5:17–18 항상 기뻐하라 쉬지 말고 기도하라 범사에 감사하라 이것이 그리스도 예수 안에서 너희를 향하신 하나님의 뜻이니라

히 5:7 그는 육체에 계실 때에 자기를 죽음에서 능히 구원하실 이에게 심한 통곡과 눈물로 간구와 소원을 올렸고 그의 경건하심으로 말미암아 들으심을 얻었느니라

약 1:5–8 너희 중에 누구든지 지혜가 부족하거든 모든 사람에게 후히 주시고 꾸짖지 아니하시는 하나님께 구하라 그리하면 주시리라 오직 믿음으로 구하고 조금도 의심하지 말라 의심하는 자는 마치 바람에 밀려 요동하는 바다 물결 같으니 이런 사람은 무엇이든지 주께 얻기를 생각하지 말라

약 4:2–3 너희가 얻지 못함은 구하지 아니하기 때문이요 구하여도 받지 못함은 정욕으로 쓰려고 잘못 구하기 때문이라

요일 5:14–15 그를 향하여 우리가 가진 바 담대함이 이것이니 그의 뜻대로 무엇을 구하면 들으심이라 우리가 무엇이든지 구하는 바를 들으시는 줄을 안즉 우리가 그에게 구한 그것을 얻은 줄을 또한 아느니라

예수님은 알파와 오메가

예수님은 사랑하는 제자 요한에게
“나는 알파와 오메가”라고 말씀하셨다.
헬라어 알파벳의 첫 글자인 알파(A)와 마지막 글자인 오메가(Ω)는
모든 피조물과 역사에 대한 주님의 권세를 나타내는 말이다.
전능자이신 그분은 처음부터 마지막까지
이 세상 모든 것들의 권세자로서 과거에 계셨고
현재도 계시며 장차 오실 분이다.
지금 당신에게 소중한 것은 무엇인가? 그 모든 것이
주님에 의해 창조되었고 다스려진다.
그러므로 당신과 당신의 소중한 것들을 주관하시는
주님을 전적으로 의뢰하고, 그분께 영광 돌리는 삶을 살아가라.

주제별 영성노트

Date . . .

이 주제 말씀을 통해 주께 받은 은혜와 위로를 나눠보세요.

주제별 감사기도

Date . . .

주제 말씀을 묵상한 뒤 하나님께 드리는 감사의 기도를 적어보세요.

헌신과 충성

삼상 12:24-25 너희는 여호와께서 너희를 위하여 행하신 그 큰 일을 생각하여 오직 그를 경외하며 너희의 마음을 다하여 진실히 섬기라 만일 너희가 여전히 악을 행하면 너희와 너희 왕이 다 멸망하리라

시 101:6-7 내 눈이 이 땅의 충성된 자를 살펴 나와 함께 살게 하리니 완전한 길에 행하는 자가 나를 따르리로다 거짓을 행하는 자는 내 집 안에 거주하지 못하며 거짓말하는 자는 내 목전에 서지 못하리로다

마 6:24 한 사람이 두 주인을 섬기지 못할 것이니 혹 이를 미워하고 저를 사랑하거나 혹 이를 중히 여기고 저를 경히 여김이라 너희가 하나님과 재물을 겸하여 섬기지 못하느니라

마 25:21 그 주인이 이르되 잘하였도다 착하고 충성된 종아 네가 적은 일에 충성하였으매 내가 많은 것을 네게 맡기리니 네 주인의 즐거움에 참여할지어다 하고

요 12:26 사람이 나를 섬기려면 나를 따르라 나 있는 곳에 나를 섬기는 자도 거기 있으리니 사람이 나를 섬기면 내 아버지께서 그를 귀히 여기시리라

롬 12:1 형제들아 내가 하나님의 모든 자비하심으로 너희를 권하노니 너희 몸을 하나님이 기뻐하시는 거룩한 산 제물로 드리라 이는 너희가 드릴 영적 예배니라

롬 12:11 부지런하여 게으르지 말고 열심을 품고 주를 섬기라

롬 14:18–19 이로써 그리스도를 섬기는 자는 하나님을 기쁘시게 하며 사람에게도 칭찬을 받느니라 그러므로 우리가 화평의 일과 서로 덕을 세우는 일을 힘쓰나니

고전 4:1–2 사람이 마땅히 우리를 그리스도의 일꾼이요 하나님의 비밀을 맡은 자로 여길지어다 그리고 맡은 자들에게 구할 것은 충성이니라

벧전 4:11 만일 누가 말하려면 하나님의 말씀을 하는 것 같이 하고 누가 봉사하려면 하나님이 공급하시는 힘으로 하는 것 같이 하라

계 2:10 너는 장차 받을 고난을 두려워하지 말라 볼지어다 마귀가 장차 너희 가운데에서 몇 사람을 옥에 던져 시험을 받게 하리니 너희가 십 일 동안 환난을 받으리라 네가 죽도록 충성하라 그리하면 내가 생명의 관을 네게 주리라

Date . . .

긍휼의 마음으로 지혜롭게 행하라

믿는 자로서 우리는 다른 이들을 긍휼히 여기는
자비로운 사람이 되도록 부르심 받았다. 그래서 우리는
다른 이들을 불쌍히 여기는 긍휼의 마음으로
그들을 구원의 길로 인도해야 한다. 하지만 우리의 긍휼은
지혜와 함께해야 한다. 특히 죄 가운데 붙잡힌 사람에게 접근할 때
조심해야 한다. 죄는 전염병 같아서 그 악한 영향력이 빠르고
강력하게 퍼지기 때문이다. 그러므로 긍휼을 품되,
두려움 가운데서 지혜롭게 행해야 한다.
우리 역시 시험받기 쉬운 연약한 사람으로서
결코 세상의 죄악으로부터
안전하다고 장담할 수 없기 때문이다.

주제별 영성노트

Date . . .

이 주제 말씀을 통해 주께 받은 은혜와 위로를 나눠보세요.

주제별 감사기도

Date . . .

주제 말씀을 묵상한 뒤 하나님께 드리는 감사의 기도를 적어보세요.

복음과 십자가의 도

사 52:7 좋은 소식을 전하며 평화를 공포하며 복된 좋은 소식을 가져오며 구원을 공포하며 시온을 향하여 이르기를 네 하나님이 통치하신다 하는 자의 산을 넘는 발이 어찌 그리 아름다운가

사 61:1-2 주 여호와의 영이 내게 내리셨으니 이는 여호와께서 내게 기름을 부으사 가난한 자에게 아름다운 소식을 전하게 하려 하심이라 나를 보내사 마음이 상한 자를 고치며 포로된 자에게 자유를, 갇힌 자에게 놓임을 선포하며 여호와의 은혜의 해와 우리 하나님의 보복의 날을 선포하여 모든 슬픈 자를 위로하되

마 24:14 이 천국 복음이 모든 민족에게 증언되기 위하여 온 세상에 전파되리니 그제야 끝이 오리라

막 8:35 누구든지 자기 목숨을 구원하고자 하면 잃을 것이요 누구든지 나와 복음을 위하여 자기 목숨을 잃으면 구원하리라

막 16:15-16 너희는 온 천하에 다니며 만민에게 복음을 전파하라 믿고 세례를 받는 사람은 구원을 얻을 것이요 믿지 않는 사람은 정죄를 받으리라

눅 16:16 율법과 선지자는 요한의 때까지요 그 후부터는 하나님 나라의 복음이 전파되어 사람마다 그리로 침입하느니라

롬 1:1-2 예수 그리스도의 종 바울은 사도로 부르심을 받아 하나님의 복음을 위하여 택정함을 입었으니 이 복음은 하나님이 선지자들을 통하여 그의 아들에 관하여 성경에 미리 약속하신 것이라

롬 1:16 내가 복음을 부끄러워하지 아니하노니 이 복음은 모든 믿는 자에게 구원을 주시는 하나님의 능력이 됨이라 먼저는 유대인에게요 그리고 헬라인에게로다

행 20:23-24 오직 성령이 각 성에서 내게 증언하여 결박과 환난이 나를 기다린다 하시나 내가 달려갈 길과 주 예수께 받은 사명 곧 하나님의 은혜의 복음을 증언하는 일을 마치려 함에는 나의 생명조차 조금도 귀한 것으로 여기지 아니하노라

고전 1:17-18 그리스도께서 나를 보내심은 세례를 베풀게 하려 하심이 아니요 오직 복음을 전하게 하려 하심이로되 말의 지혜로 하지 아니함은 그리스도의 십자가가 헛되지 않게 하려 함이라 십자가의 도가 멸망하는 자들에게는 미련한 것이요 구원을 받는 우리에게는 하나님의 능력이라

고전 9:16 내가 복음을 전할지라도 자랑할 것이 없음은 내가 부득불 할 일임이라 만일 복음을 전하지 아니하면 내게 화가 있을 것이로다

갈 1:11-12 형제들아 내가 너희에게 알게 하노니 내가 전한 복음은 사람의 뜻을 따라 된 것이 아니니라 이는 내가 사람에게서 받은 것도 아니요 배운 것도 아니요 오직 예수 그리스도의 계시로 말미암은 것이라

엡 3:7 이 복음을 위하여 그의 능력이 역사하시는 대로 내게 주신 하나님의 은혜의 선물을 따라 내가 일꾼이 되었노라

골 1:23 만일 너희가 믿음에 거하고 터 위에 굳게 서서 너희 들은 바 복음의 소망에서 흔들리지 아니하면 그리하리라 이 복음은 천하 만민에게 전파된 바요 나 바울은 이 복음의 일꾼이 되었노라

벧전 1:24-25 그러므로 모든 육체는 풀과 같고 그 모든 영광은 풀의 꽃과 같으니 풀은 마르고 꽃은 떨어지되 오직 주의 말씀은 세세토록 있도다 하였으니 너희에게 전한 복음이 곧 이 말씀이니라

믿음의 도를 위해 힘써 싸우라

믿음의 도는 곧 기독교의 진리다.

우리는 이에 대한 확신을 갖고 때때로 변증의 싸움을 해야 한다.

세상과 사탄이 끈질기게 기독교의 진리와 교회의 신조,

우리의 믿음에 도전장을 던지고 있기 때문이다.

그런 상황에서 우리가 힘써 변증하지 않는다면,

이단 사상과 세상 풍조가 맹위를 떨쳐 연약한 신자들을 실족시킬 것이다.

감사하게도, 우리는 진리의 투쟁을 벌일 때

언제나 성령님의 도우심을 받는다.

그러니 성령님에 의지해서 그리스도의 군사 되어

교회 안팎의 모든 거짓 사상에 맞서 힘써 싸워야 한다.

주제별 영성노트

Date . . .

이 주제 말씀을 통해 주께 받은 은혜와 위로를 나눠보세요.

주제별 감사기도

Date . . .

주제 말씀을 묵상한 뒤 하나님께 드리는 감사의 기도를 적어보세요.

회개와 변화

시 32:5 내가 이르기를 내 허물을 여호와께 자복하리라 하고 주께 내 죄를 아뢰고 내 죄악을 숨기지 아니하였더니 곧 주께서 내 죄악을 사하셨나이다

시 34:18 여호와는 마음이 상한 자를 가까이 하시고 충심으로 통회하는 자를 구원하시는도다

시 51:17 하나님께서 구하시는 제사는 상한 심령이라 하나님이여 상하고 통회하는 마음을 주께서 멸시하지 아니하시리이다

잠 1:23 나의 책망을 듣고 돌이키라 보라 내가 나의 영을 너희에게 부어 주며 내 말을 너희에게 보이리라

잠 28:13 자기의 죄를 숨기는 자는 형통하지 못하나 죄를 자복하고 버리는 자는 불쌍히 여김을 받으리라

사 1:18 여호와께서 말씀하시되 오라 우리가 서로 변론하자 너희의 죄가 주홍 같을지라도 눈과 같이 희어질 것이요 진홍 같이 붉을지라도 양털 같이 희게 되리라

사 55:7 악인은 그의 길을, 불의한 자는 그의 생각을 버리고 여호와께로 돌아오라 그리하면 그가 긍휼히 여기시리라 우리 하나님께로 돌아오라 그가 너그럽게 용서하시리라

렘 26:13 그런즉 너희는 너희 길과 행위를 고치고 너희 하나님 여호와의 목소리를 청종하라 그리하면 여호와께서 너희에게 선언하신 재앙에 대하여 뜻을 돌이키시리라

겔 18:31-32 너희는 너희가 범한 모든 죄악을 버리고 마음과 영을 새롭게 할지어다 이스라엘 족속아 너희가 어찌하여 죽고자 하느냐 주 여호와의 말씀이니라 죽을 자가 죽는 것도 내가 기뻐하지 아니하노니 너희는 스스로 돌이키고 살지니라

호 6:1 오라 우리가 여호와께로 돌아가자 여호와께서 우리를 찢으셨으나 도로 낫게 하실 것이요 우리를 치셨으나 싸매어 주실 것임이라

욜 2:12-13 여호와의 말씀에 너희는 이제라도 금식하고 울며 애통하고 마음을 다하여 내게로 돌아오라 하셨나니 너희는 옷을 찢지 말고 마음을 찢고 너희 하나님 여호와께로 돌아올지어다 그는 은혜로우시며 자비로우시며 노하기를 더디하시며 인애가 크시사 뜻을 돌이켜 재앙을 내리지 아니하시나니

마 3:8-9 그러므로 회개에 합당한 열매를 맺고 속으로 아브라함이 우리 조상이라고 생각하지 말라 내가 너희에게 이르노니 하나님이 능히 이 돌들로도 아브라함의 자손이 되게 하시리라

막 1:14-15 요한이 잡힌 후 예수께서 갈릴리에 오셔서 하나님의 복음을 전파하여 이르시되 때가 찼고 하나님의 나라가 가까이 왔으니 회개하고 복음을 믿으라 하시더라

눅 15:7 내가 너희에게 이르노니 이와 같이 죄인 한 사람이 회개하면 하늘에서는 회개할 것 없는 의인 아흔아홉으로 말미암아 기뻐하는 것보다 더하리라

행 2:37-39 그들이 이 말을 듣고 마음에 찔려 베드로와 다른 사도들에게 물어 이르되 형제들아 우리가 어찌할꼬 하거늘 베드로가 이르되 너희가 회개하여 각각 예수 그리스도의 이름으로 세례를 받고 죄 사함을 받으라 그리하면 성령의 선물을 받으리니 이 약속은 너희와 너희 자녀와 모든 먼 데 사람 곧 주 우리 하나님이 얼마든지 부르시는 자들에게 하신 것이라

행 3:19 그러므로 너희가 회개하고 돌이켜 너희 죄 없이 함을 받으라 이같이 하면 새롭게 되는 날이 주 앞으로부터 이를 것이요

엡 4:22-24 너희는 유혹의 욕심을 따라 썩어져 가는 구습을 따르는 옛 사람을 벗어 버리고 오직 너희의 심령이 새롭게 되어 하나님을 따라 의와 진리의 거룩함으로 지으심을 받은 새 사람을 입으라

벧후 3:9 주의 약속은 어떤 이들이 더디다고 생각하는 것 같이 더딘 것이 아니라 오직 주께서는 너희를 대하여 오래 참으사 아무도 멸망하지 아니하고 다 회개하기에 이르기를 원하시느니라

요일 1:8-9 만일 우리가 죄가 없다고 말하면 스스로 속이고 또 진리가 우리 속에 있지 아니할 것이요 만일 우리가 우리 죄를 자백하면 그는 미쁘시고 의로우사 우리 죄를 사하시며 우리를 모든 불의에서 깨끗하게 하실 것이요

계 2:4-5 그러나 너를 책망할 것이 있나니 너의 처음 사랑을 버렸느니라 그러므로 어디서 떨어졌는지를 생각하고 회개하여 처음 행위를 가지라 만일 그리하지 아니하고 회개하지 아니하면 내가 네게 가서 네 촛대를 그 자리에서 옮기리라

계 3:19 무릇 내가 사랑하는 자를 책망하여 징계하노니 그러므로 네가 열심을 내라 회개하라

믿음 안에서 세상을 이기는 능력

믿음 안에는 능력이 있다.
그 능력은 마치 한 알의 씨앗 속에 조용히 숨겨져 있는
힘과 같다. 땅 속의 씨앗이 식물을
땅 밖으로 솟아나오게 하며 꽃을 피우고 열매를 맺듯이,
믿음 안에 있는 그 능력은 우리의 마음을 변화시키고
삶을 풍부하게 하며 생의 아름다운 열매를 맺게 한다.
하나님의 자녀 된 당신은 믿음을 가졌고, 그 믿음 안에서
세상을 이길 능력을 이미 부여받았다. 그 능력을 그냥 썩히지 말고,
이제 당신의 삶 속에서 마음껏 발휘하라.
당신은 분명 세상을 능히 이기는 승리의 삶을 살게 될 것이다.

주제별 영성노트

Date . . .

이 주제 말씀을 통해 주께 받은 은혜와 위로를 나눠보세요.

주제별 감사기도

Date . . .

주제 말씀을 묵상한 뒤 하나님께 드리는 감사의 기도를 적어보세요.

말씀과 성경

민 23:19 하나님은 사람이 아니시니 거짓말을 하지 않으시고 인생이 아니시니 후회가 없으시도다 어찌 그 말씀하신 바를 행하지 않으시며 하신 말씀을 실행하지 않으시랴

신 29:9 그런즉 너희는 이 언약의 말씀을 지켜 행하라 그리하면 너희가 하는 모든 일이 형통하리라

삼하 22:31 하나님의 도는 완전하고 여호와의 말씀은 진실하니 그는 자기에게 피하는 모든 자에게 방패시로다

수 1:8 이 율법책을 네 입에서 떠나지 말게 하며 주야로 그것을 묵상하여 그 안에 기록된 대로 다 지켜 행하라 그리하면 네 길이 평탄하게 될 것이며 네가 형통하리라

시 1:1-2 복 있는 사람은 악인들의 꾀를 따르지 아니하며 죄인들의 길에 서지 아니하며 오만한 자들의 자리에 앉지 아니하고 오직 여호와의 율법을 즐거워하여 그의 율법을 주야로 묵상하는도다

Date . . .

시 12:6 여호와의 말씀은 순결함이여 흙 도가니에 일곱 번 단련한 은 같도다

시 19:7-8 여호와의 율법은 완전하여 영혼을 소성시키며 여호와의 증거는 확실하여 우둔한 자를 지혜롭게 하며 여호와의 교훈은 정직하여 마음을 기쁘게 하고 여호와의 계명은 순결하여 눈을 밝게 하시도다

시 119:9-11 청년이 무엇으로 그의 행실을 깨끗하게 하리이까 주의 말씀만 지킬 따름이니이다 내가 전심으로 주를 찾았사오니 주의 계명에서 떠나지 말게 하소서 내가 주께 범죄하지 아니하려 하여 주의 말씀을 내 마음에 두었나이다

시 119:103, 105 주의 말씀의 맛이 내게 어찌 그리 단지요 내 입에 꿀보다 더 다니이다 주의 말씀은 내 발에 등이요 내 길에 빛이니이다

시 119:127, 130 그러므로 내가 주의 계명들을 금 곧 순금보다 더 사랑하나이다 주의 말씀을 열면 빛이 비치어 우둔한 사람들을 깨닫게 하나이다

시 119:165-166 주의 법을 사랑하는 자에게는 큰 평안이 있으니 그들에게 장애물이 없으리이다 여호와여 내가 주의 구원을 바라며 주의 계명들을 행하였나이다

잠 6:20-21 내 아들아 네 아비의 명령을 지키며 네 어미의 법을 떠나지 말고 그것을 항상 네 마음에 새기며 네 목에 매라

사 34:16 너희는 여호와의 책에서 찾아 읽어보라 이것들 가운데서 빠진 것이 하나도 없고 제 짝이 없는 것이 없으리니 이는 여호와의 입이 이를 명령하셨고 그의 영이 이것들을 모으셨음이라

렘 23:29 여호와의 말씀이니라 내 말이 불 같지 아니하냐 바위를 쳐서 부스러뜨리는 방망이 같지 아니하냐

마 4:4 예수께서 대답하여 이르시되 기록되었으되 사람이 떡으로만 살 것이 아니요 하나님의 입으로부터 나오는 모든 말씀으로 살 것이라 하였느니라

눅 1:37 대저 하나님의 모든 말씀은 능하지 못하심이 없느니라

눅 11:28 예수께서 이르시되 오히려 하나님의 말씀을 듣고 지키는 자가 복이 있느니라 하시니라

요 5:39 너희가 성경에서 영생을 얻는 줄 생각하고 성경을 연구하거니와 이 성경이 곧 내게 대하여 증언하는 것이니라

요 17:17 그들을 진리로 거룩하게 하옵소서 아버지의 말씀은 진리니이다

요 20:31 오직 이것을 기록함은 너희로 예수께서 하나님의 아들 그리스도이심을 믿게 하려 함이요 또 너희로 믿고 그 이름을 힘입어 생명을 얻게 하려 함이니라

롬 9:28 주께서 땅 위에서 그 말씀을 이루고 속히 시행하시리라

롬 15:4 무엇이든지 전에 기록된 바는 우리의 교훈을 위하여 기록된 것이니 우리로 하여금 인내로 또는 성경의 위로로 소망을 가지게 함이니라

살전 2:13 이러므로 우리가 하나님께 끊임없이 감사함은 너희가 우리에게 들은 바 하나님의 말씀을 받을 때에 사람의 말로 받지 아니하고 하나님의 말씀으로 받음이니 진실로 그러하도다 이 말씀이 또한 너희 믿는 자 가운데에서 역사하느니라

딤후 3:15-17 성경은 능히 너로 하여금 그리스도 예수 안에 있는 믿음으로 말미암아 구원에 이르는 지혜가 있게 하느니라 모든 성경은 하나님의 감동으로 된 것으로 교훈과 책망과 바르게 함과 의로 교육하기에 유익하니 이는 하나님의 사람으로 온전하게 하며 모든 선한 일을 행할 능력을 갖추게 하려 함이라

히 4:12 하나님의 말씀은 살아 있고 활력이 있어 좌우에 날선 어떤 검보다도 예리하여 혼과 영과 및 관절과 골수를 찔러 쪼개기까지 하며 또 마음의 생각과 뜻을 판단하나니

벧전 1:23-25 너희가 거듭난 것은 썩어질 씨로 된 것이 아니요 썩지 아니할 씨로 된 것이니 살아 있고 항상 있는 하나님의 말씀으로 되었느니라 그러므로 모든 육체는 풀과 같고 그 모든 영광은 풀의 꽃과 같으니 풀은 마르고 꽃은 떨어지되 오직 주의 말씀은 세세토록 있도다 하였으니 너희에게 전한 복음이 곧 이 말씀이니라

계 1:2-3 요한은 하나님의 말씀과 예수 그리스도의 증거 곧 자기가 본 것을 다 증언하였느니라 이 예언의 말씀을 읽는 자와 듣는 자와 그 가운데에 기록한 것을 지키는 자는 복이 있나니 때가 가까움이라

계 22:7 보라 내가 속히 오리니 이 두루마리의 예언의 말씀을 지키는 자는 복이 있으리라

재림의 날을 준비하라

부활하신 예수님은 승천하실 때
이 땅에 다시 오실 것이라고 약속하셨다.
하지만 언제 오실 것인지에 대해선 알려주지 않으셨다.
따라서 우리는 예수님의 재림이 언제 있을는지
전혀 알지 못한다. 분명한 것은, 예수님은 반드시
이 땅에 다시 오신다는 사실이다. 그러므로 예수님의 재림에 관하여
우리는 그 시기에 초점을 맞출 것이 아니라,
그 상황을 맞이하는 우리 자신의 마땅한 자세에 초점을 맞추어야 한다.
잘 준비된 상태라면, 예수님의 재림이 언제 이루어지든,
우리는 당황하지 않고 "아멘!"으로 기쁘게 맞이하게 될 것이다.

주제별 영성노트

Date . . .

이 주제 말씀을 통해 주께 받은 은혜와 위로를 나눠보세요.

주제별 감사기도

Date . . .

주제 말씀을 묵상한 뒤 하나님께 드리는 감사의 기도를 적어보세요.

분투와 승리

신 33:29 이스라엘이여 너는 행복한 사람이로다 여호와의 구원을 너 같이 얻은 백성이 누구냐 그는 너를 돕는 방패시요 네 영광의 칼이시로다 네 대적이 네게 복종하리니 네가 그들의 높은 곳을 밟으리로다

삼상 17:45, 47 45 다윗이 블레셋 사람에게 이르되 너는 칼과 창과 단창으로 내게 나아 오거니와 나는 만군의 여호와의 이름 곧 네가 모욕하는 이스라엘 군대의 하나님의 이름으로 네게 나아가노라 또 여호와의 구원하심이 칼과 창에 있지 아니함을 이 무리에게 알게 하리라 전쟁은 여호와께 속한 것인즉 그가 너희를 우리 손에 넘기시리라

사 40:31 오직 여호와를 앙망하는 자는 새 힘을 얻으리니 독수리가 날개치며 올라감 같을 것이요 달음박질하여도 곤비하지 아니하겠고 걸어가도 피곤하지 아니하리로다

사 41:10 두려워하지 말라 내가 너와 함께 함이라 놀라지 말라 나는 네 하나님이 됨이라 내가 너를 굳세게 하리라 참으로 너를 도와 주리라 참으로 나의 의로운 오른손으로 너를 붙들리라

렘 1:19 그들이 너를 치나 너를 이기지 못하리니 이는 내가 너와 함께 하여 너를 구원할 것임이니라 여호와의 말이니라

렘 15:20 내가 너로 이 백성 앞에 견고한 놋 성벽이 되게 하리니 그들이 너를 칠지라도 이기지 못할 것은 내가 너와 함께 하여 너를 구하여 건짐이라 여호와의 말씀이니라

잠 21:31 싸울 날을 위하여 마병을 예비하거니와 이김은 여호와께 있느니라

요 16:33 이것을 너희에게 이르는 것은 너희로 내 안에서 평안을 누리게 하려 함이라 세상에서는 너희가 환난을 당하나 담대하라 내가 세상을 이기었노라

롬 8:35-37 누가 우리를 그리스도의 사랑에서 끊으리요 환난이나 곤고나 박해나 기근이나 적신이나 위험이나 칼이랴 기록된 바 우리가 종일 주를 위하여 죽임을 당하게 되며 도살 당할 양 같이 여김을 받았나이다 함과 같으니라 그러나 이 모든 일에 우리를 사랑하시는 이로 말미암아 우리가 넉넉히 이기느니라

롬 12:21 악에게 지지 말고 선으로 악을 이기라

고전 9:25 이기기를 다투는 자마다 모든 일에 절제하나니 그들은 썩을 승리자의 관을 얻고자 하되 우리는 썩지 아니할 것을 얻고자 하노라

고후 10:4 우리의 싸우는 무기는 육신에 속한 것이 아니요 오직 어떤 견고한 진도 무너뜨리는 하나님의 능력이라

엡 6:11-12 마귀의 간계를 능히 대적하기 위하여 하나님의 전신 갑주를 입으라 우리의 씨름은 혈과 육을 상대하는 것이 아니요 통치자들과 권세들과 이 어둠의 세상 주관자들과 하늘에 있는 악의 영들을 상대함이라

골 2:14-15 우리를 거스르고 불리하게 하는 법조문으로 쓴 증서를 지우시고 제하여 버리사 십자가에 못 박으시고 통치자들과 권세들을 무력화하여 드러내어 구경거리로 삼으시고 십자가로 그들을 이기셨느니라

딤전 6:11-12 오직 너 하나님의 사람아 이것들을 피하고 의와 경건과 믿음과 사랑과 인내와 온유를 따르며 믿음의 선한 싸움을 싸우라 영생을 취하라 이를 위하여 네가 부르심을 받았고 많은 증인 앞에서 선한 증언을 하였도다

딤후 4:7-8 나는 선한 싸움을 싸우고 나의 달려갈 길을 마치고 믿음을 지켰으니 이제 후로는 나를 위하여 의의 면류관이 예비되었으므로 주 곧 의로우신 재판장이 그 날에 내게 주실 것이며 내게만 아니라 주의 나타나심을 사모하는 모든 자에게도니라

약 4:7 그런즉 너희는 하나님께 복종할지어다 마귀를 대적하라 그리하면 너희를 피하리라

벧전 5:8-9 근신하라 깨어라 너희 대적 마귀가 우는 사자 같이 두루 다니며 삼킬 자를 찾나니 너희는 믿음을 굳건하게 하여 그를 대적하라 이는 세상에 있는 너희 형제들도 동일한 고난을 당하는 줄을 앎이라

요일 5:4-5 무릇 하나님께로부터 난 자마다 세상을 이기느니라 세상을 이기는 승리는 이것이니 우리의 믿음이니라 예수께서 하나님의 아들이심을 믿는 자가 아니면 세상을 이기는 자가 누구냐

계 3:5 이기는 자는 이와 같이 흰 옷을 입을 것이요 내가 그 이름을 생명책에서 결코 지우지 아니하고 그 이름을 내 아버지 앞과 그의 천사들 앞에서 시인하리라

계 21:7 또 내게 말씀하시되 이루었도다 나는 알파와 오메가요 처음과 마지막이라 내가 생명수 샘물을 목마른 자에게 값없이 주리니 이기는 자는 이것들을 상속으로 받으리라 나는 그의 하나님이 되고 그는 내 아들이 되리라

성경은 우리 삶의 등불

캠핑 가서 주변이 어두워지면 불안함을 느끼는가?
그때 불안감을 쫓아내줄 수 있는 것은
텐트 안의 환한 등불이다.
어둠을 밝히는 불빛은 언제 어디서나 필요하다.
빛 없이 우리는 단 하루도 제대로 살아갈 수 없다.
하나님의 말씀인 성경은 우리 삶의 등불이다.
삶의 길을 올바로 보여주고, 천국 가는 길도 보여주는 불빛이다.
그런 성경을 삶의 등불로 삼을 때,
우리는 삶의 덫에 걸려들지 않고 천국 가는 여정에서 헤매지 않는다.
하나님이 우리 삶에 이처럼 밝은 등불을 제공해주셨다.
그 얼마나 놀라운 선물인가!

주제별 영성노트

Date . . .

이 주제 말씀을 통해 주께 받은 은혜와 위로를 나눠보세요.

주제별 감사기도

Date . . .

주제 말씀을 묵상한 뒤 하나님께 드리는 감사의 기도를 적어보세요.

화목과 화평

사 54:10 산들이 떠나며 언덕들은 옮겨질지라도 나의 자비는 네게서 떠나지 아니하며 나의 화평의 언약은 흔들리지 아니하리라 너를 긍휼히 여기시는 여호와께서 말씀하셨느니라

겔 34:25-26 내가 또 그들과 화평의 언약을 맺고 악한 짐승을 그 땅에서 그치게 하리니 그들이 빈 들에 평안히 거하며 수풀 가운데에서 잘지라 내가 그들에게 복을 내리고 내 산 사방에 복을 내리며 때를 따라 소낙비를 내리되 복된 소낙비를 내리리라

롬 3:25-26 이 예수를 하나님이 그의 피로써 믿음으로 말미암는 화목제물로 세우셨으니 이는 하나님께서 길이 참으시는 중에 전에 지은 죄를 간과하심으로 자기의 의로우심을 나타내려 하심이니 곧 이 때에 자기의 의로우심을 나타내사 자기도 의로우시며 또한 예수 믿는 자를 의롭다 하려 하심이라

롬 5:10 곧 우리가 원수 되었을 때에 그의 아들의 죽으심으로 말미암아 하나님과 화목하게 되었은즉 화목하게 된 자로서는 더욱 그의 살아나심으로 말미암아 구원을 받을 것이니라

고후 5:18-19 모든 것이 하나님께로서 났으며 그가 그리스도로 말미암아 우리를 자기와 화목하게 하시고 또 우리에게 화목하게 하는 직분을 주셨으니 곧 하나님께서 그리스도 안에 계시사 세상을 자기와 화목하게 하시며 그들의 죄를 그들에게 돌리지 아니하시고 화목하게 하는 말씀을 우리에게 부탁하셨느니라

엡 2:14, 16 그는 우리의 화평이신지라 둘로 하나를 만드사 원수 된 것 곧 중간에 막힌 담을 자기 육체로 허시고 또 십자가로 이 둘을 한 몸으로 하나님과 화목하게 하려 하심이라

골 1:19-20 아버지께서는 모든 충만으로 예수 안에 거하게 하시고 그의 십자가의 피로 화평을 이루사 만물 곧 땅에 있는 것들이나 하늘에 있는 것들이 그로 말미암아 자기와 화목하게 되기를 기뻐하심이라

요일 2:1-2 나의 자녀들아 내가 이것을 너희에게 씀은 너희로 죄를 범하지 않게 하려 함이라 만일 누가 죄를 범하여도 아버지 앞에서 우리에게 대언자가 있으니 곧 의로우신 예수 그리스도시라 그는 우리 죄를 위한 화목제물이니 우리만 위할 뿐 아니요 온 세상의 죄를 위하심이라

요일 4:10 사랑은 여기 있으니 우리가 하나님을 사랑한 것이 아니요 하나님이 우리를 사랑하사 우리 죄를 속하기 위하여 화목제물로 그 아들을 보내셨음이라

우리의 터를 견고하게 하시는 주님

믿음의 형제들을 향한 사도들의 권면은
세상의 시련과 핍박과 관련해서 하나님의 역할 및
우리의 역할을 보여준다. 우리는 모든 환난과 핍박 가운데서도
흔들림 없이 믿음 가운데서 계속 정진하도록, 그리고
세상 마지막 날까지 주님께 굳게 붙어 있도록 부르심 받았다.
세상의 핍박과 시련을 당할 때, 믿는 자들은
홀로 싸우고 있는 게 결코 아니다. 언제 어디서든 하나님이
우리 뒤에서 우리를 든든히 붙들어주신다.
우리는 그런 하나님의 능한 손길에 의지하여 시련의 비바람을 뚫고
역경의 파도를 넘어 천성을 향해 계속 전진할 수 있다.

주제별 영성노트

Date . . .

이 주제 말씀을 통해 주께 받은 은혜와 위로를 나눠보세요.

주제별 감사기도

Date . . .

주제 말씀을 묵상한 뒤 하나님께 드리는 감사의 기도를 적어보세요.

성도의 삶

출 19:5-6 세계가 다 내게 속하였나니 너희가 내 말을 잘 듣고 내 언약을 지키면 너희는 모든 민족 중에서 내 소유가 되겠고 너희가 내게 대하여 제사장 나라가 되며 거룩한 백성이 되리라

레 11:45 나는 너희의 하나님이 되려고 너희를 애굽 땅에서 인도하여 낸 여호와라 내가 거룩하니 너희도 거룩할지어다

신 33:3 여호와께서 백성을 사랑하시나니 모든 성도가 그의 수중에 있으며 주의 발 아래에 앉아서 주의 말씀을 받는도다

시 97:10 여호와를 사랑하는 너희여 악을 미워하라 그가 그의 성도의 영혼을 보전하사 악인의 손에서 건지시느니라

사 60:1 일어나라 빛을 발하라 이는 네 빛이 이르렀고 여호와의 영광이 네 위에 임하였음이니라

마 5:14, 16 너희는 세상의 빛이라 너희 빛이 사람 앞에 비치게 하여 그들로 너희 착한 행실을 보고 하늘에 계신 너희 아버지께 영광을 돌리게 하라

마 7:16-18 그들의 열매로 그들을 알지니 가시나무에서 포도를, 또는 엉겅퀴에서 무화과를 따겠느냐 이와 같이 좋은 나무마다 아름다운 열매를 맺고 못된 나무가 나쁜 열매를 맺나니 좋은 나무가 나쁜 열매를 맺을 수 없고 못된 나무가 아름다운 열매를 맺을 수 없느니라

롬 6:22 이제는 너희가 죄로부터 해방되고 하나님께 종이 되어 거룩함에 이르는 열매를 맺었으니 그 마지막은 영생이라

롬 12:2 너희는 이 세대를 본받지 말고 오직 마음을 새롭게 함으로 변화를 받아 하나님의 선하시고 기뻐하시고 온전하신 뜻이 무엇인지 분별하도록 하라

고전 6:19-20 너희 몸은 너희가 하나님께로부터 받은 바 너희 가운데 계신 성령의 전인 줄을 알지 못하느냐 너희는 너희 자신의 것이 아니라 값으로 산 것이 되었으니 그런즉 너희 몸으로 하나님께 영광을 돌리라

갈 5:16, 22-23 내가 이르노니 너희는 성령을 따라 행하라 그리하면 육체의 욕심을 이루지 아니하리라 오직 성령의 열매는 사랑과 희락과 화평과 오래 참음과 자비와 양선과 충성과 온유와 절제니 이같은 것을 금지할 법이 없느니라

엡 2:10 우리는 그가 만드신 바라 그리스도 예수 안에서 선한 일을 위하여 지으심을 받은 자니 이 일은 하나님이 전에 예비하사 우리로 그 가운데서 행하게 하려 하심이니라

엡 5:8-9 너희가 전에는 어둠이더니 이제는 주 안에서 빛이라 빛의 자녀들처럼 행하라 빛의 열매는 모든 착함과 의로움과 진실함에 있느니라

빌 1:27 오직 너희는 그리스도의 복음에 합당하게 생활하라

빌 2:14-16 모든 일을 원망과 시비가 없이 하라 이는 너희가 흠이 없고 순전하여 어그러지고 거스르는 세대 가운데서 하나님의 흠 없는 자녀로 세상에서 그들 가운데 빛들로 나타내며 생명의 말씀을 밝혀 나의 달음질이 헛되지 아니하고 수고도 헛되지 아니함으로 그리스도의 날에 내가 자랑할 것이 있게 하려 함이라

살전 4:7 하나님이 우리를 부르심은 부정하게 하심이 아니요 거룩하게 하심이니 그러므로 저버리는 자는 사람을 저버림이 아니요 너희에게 그의 성령을 주신 하나님을 저버림이니라

히 13:15-16 그러므로 우리는 예수로 말미암아 항상 찬송의 제사를 하나님께 드리자 이는 그 이름을 증언하는 입술의 열매니라 오직 선을 행함과 서로 나누어 주기를 잊지 말라 하나님은 이같은 제사를 기뻐하시느니라

약 1:12 시험을 참는 자는 복이 있나니 이는 시련을 견디어 낸 자가 주께서 자기를 사랑하는 자들에게 약속하신 생명의 면류관을 얻을 것이기 때문이라

벧전 1:14-15 너희가 순종하는 자식처럼 전에 알지 못할 때에 따르던 너희 사욕을 본받지 말고 오직 너희를 부르신 거룩한 이처럼 너희도 모든 행실에 거룩한 자가 되라

벧전 2:9-10 너희는 택하신 족속이요 왕 같은 제사장들이요 거룩한 나라요 그의 소유가 된 백성이니 이는 너희를 어두운 데서 불러 내어 그의 기이한 빛에 들어가게 하신 이의 아름다운 덕을 선포하게 하려 하심이라 너희가 전에는 백성이 아니더니 이제는 하나님의 백성이요 전에는 긍휼을 얻지 못하였더니 이제는 긍휼을 얻은 자니라

계 14:12 성도들의 인내가 여기 있나니 그들은 하나님의 계명과 예수에 대한 믿음을 지키는 자니라

항상 깨어 근신하라

사탄은 '배고픈 사자'와 같다.
밀림지대의 배고픈 사자에게 있어 한 가지 일념은
먹잇감을 찾는 것이다. 사탄의 목적 역시
사람들의 영혼을 사냥하는 것이다. 밀림의 수풀에 숨어
먹잇감을 노리는 사자를 보라. 소리 없이 다가가는 발걸음,
먹잇감에 온통 집중하는 눈, 가까이에서도
눈치챌 수 없는 은밀한 잠복, 덮칠 때를 노리는 끈질긴 기다림.
마침내 행동을 개시할 때 그 신속성은 놀랍다.
순식간에 먹잇감에게 달려들어 덮쳐 물어서 찢어발긴다.
그런 사탄이 오늘 내 영혼을 덮치기 위해 숨어서
노리고 있다. 항상 깨어 근신하자!

주제별 영성노트

Date . . .

이 주제 말씀을 통해 주께 받은 은혜와 위로를 나눠보세요.

주제별 감사기도

Date . . .

주제 말씀을 묵상한 뒤 하나님께 드리는 감사의 기도를 적어보세요.

전도와 선교

대상 16:23-24 온 땅이여 여호와께 노래하며 그의 구원을 날마다 선포할지어다 그의 영광을 모든 민족 중에, 그의 기이한 행적을 만민 중에 선포할지어다

시 71:15, 18 내가 측량할 수 없는 주의 공의와 구원을 내 입으로 종일 전하리이다 하나님이여 내가 늙어 백발이 될 때에도 나를 버리지 마시며 내가 주의 힘을 후대에 전하고 주의 능력을 장래의 모든 사람에게 전하기까지 나를 버리지 마소서

욘 3:2 일어나 저 큰 성읍 니느웨로 가서 내가 네게 명한 바를 그들에게 선포하라

마 28:18-20 예수께서 나아와 말씀하여 이르시되 하늘과 땅의 모든 권세를 내게 주셨으니 그러므로 너희는 가서 모든 민족을 제자로 삼아 아버지와 아들과 성령의 이름으로 세례를 베풀고 내가 너희에게 분부한 모든 것을 가르쳐 지키게 하라 볼지어다 내가 세상 끝날까지 너희와 항상 함께 있으리라 하시니라

막 1:38-39 (예수께서) 이르시되 우리가 다른 가까운 마을들로 가자 거기서도 전도하리니 내가 이를 위하여 왔노라 하시고 이에 온 갈릴리에 다니시며 그들의 여러 회당에서 전도하시고 또 귀신들을 내쫓으시더라

막 16:15-16 너희는 온 천하에 다니며 만민에게 복음을 전파하라 믿고 세례를 받는 사람은 구원을 얻을 것이요 믿지 않는 사람은 정죄를 받으리라

요 1:46 나다나엘이 이르되 나사렛에서 무슨 선한 것이 날 수 있느냐 빌립이 이르되 와서 보라 하니라

요 6:43-44 예수께서 대답하여 이르시되 너희는 서로 수군거리지 말라 나를 보내신 아버지께서 이끌지 아니하시면 아무도 내게 올 수 없으니 오는 그를 내가 마지막 날에 다시 살리리라

행 1:8 오직 성령이 너희에게 임하시면 너희가 권능을 받고 예루살렘과 온 유대와 사마리아와 땅 끝까지 이르러 내 증인이 되리라

행 5:41-42 사도들은 그 이름을 위하여 능욕 받는 일에 합당한 자로 여기심을 기뻐하면서 공회 앞을 떠나니라 그들이 날마다 성전에 있든지 집에 있든지 예수는 그리스도라고 가르치기와 전도하기를 그치지 아니하니라

롬 10:13-15 누구든지 주의 이름을 부르는 자는 구원을 받으리라 그런즉 그들이 믿지 아니하는 이를 어찌 부르리요 듣지도 못한 이를 어찌 믿으리요 전파하는 자가 없이 어찌 들으리요 보내심을 받지 아니하였으면 어찌 전파하리요 기록된 바 아름답도다 좋은 소식을 전하는 자들의 발이여 함과 같으니라

엡 6:19-20 또 나를 위하여 구할 것은 내게 말씀을 주사 나로 입을 열어 복음의 비밀을 담대히 알리게 하옵소서 할 것이니 이 일을 위하여 내가 쇠사슬에 매인 사신이 된 것은 나로 이 일에 당연히 할 말을 담대히 하게 하려 하심이라

딤후 4:2 너는 말씀을 전파하라 때를 얻든지 못 얻든지 항상 힘쓰라 범사에 오래 참음과 가르침으로 경책하며 경계하며 권하라

약 5:19-20 내 형제들아 너희 중에 미혹되어 진리를 떠난 자를 누가 돌아서게 하면 너희가 알 것은 죄인을 미혹된 길에서 돌아서게 하는 자가 그의 영혼을 사망에서 구원할 것이며 허다한 죄를 덮을 것임이라

벧전 3:15-16 너희 마음에 그리스도를 주로 삼아 거룩하게 하고 너희 속에 있는 소망에 관한 이유를 묻는 자에게는 대답할 것을 항상 준비하되 온유와 두려움으로 하고 선한 양심을 가지라

시험 가운데서 발견하는 기쁨

시험은 기뻐할 만한 것이 아니다.
그래서 우리는 시험을 만나지 않게 해달라고 기도한다.
하지만 야고보 선생은 시험을 만나게 되면
그것을 순전한 기쁨으로 여기라고 권면한다.
여기서 '시험'은 죄로 인해 닥치는 고통이 아니라,
인생에서 종종 겪는 난관과 어려움이다.
그것들이 갖는 의미가 무엇인지 올바로 깨닫게 될 때,
시험은 우리 영혼의 훈련과 성숙을 위한 훌륭한 교재가 된다.
시험을 통해 인내를 배우고, 인내를 통해 성숙한 신자가 된다.
시험은 보다 성숙한 신자가 되기 위해
우리가 반드시 통과해야만 하는 기쁜 절차인 것이다.

주제별 영성노트

Date . . .

이 주제 말씀을 통해 주께 받은 은혜와 위로를 나눠보세요.

주제별 감사기도

Date . . .

주제 말씀을 묵상한 뒤 하나님께 드리는 감사의 기도를 적어보세요.

교회와 직분

시 84:1-2, 4 만군의 여호와여 주의 장막이 어찌 그리 사랑스러운지요 내 영혼이 여호와의 궁정을 사모하여 쇠약함이여 내 마음과 육체가 살아 계시는 하나님께 부르짖나이다 주의 집에 사는 자들은 복이 있나니 그들이 항상 주를 찬송하리이다

시 132:13-14 여호와께서 시온을 택하시고 자기 거처를 삼고자 하여 이르시기를 이는 내가 영원히 쉴 곳이라 내가 여기 거주할 것은 이를 원하였음이로다

전 5:1 너는 하나님의 집에 들어갈 때에 네 발을 삼갈지어다 가까이 하여 말씀을 듣는 것이 우매한 자들이 제물 드리는 것보다 나으니 그들은 악을 행하면서도 깨닫지 못함이니라

사 2:2 말일에 여호와의 전의 산이 모든 산 꼭대기에 굳게 설 것이요 모든 작은 산 위에 뛰어나리니 만방이 그리로 모여들 것이라

사 4:5-6 여호와께서 거하시는 온 시온 산과 모든 집회 위에 낮이면 구름과 연기, 밤이면 화염의 빛을 만드시고 그 모든 영광 위에 덮개를 두시며 또 초막이 있어서 낮에는 더위를 피하는 그늘을 지으며 또 풍우를 피하여 숨는 곳이 되리라

합 2:20 오직 여호와는 그 성전에 계시니 온 땅은 그 앞에서 잠잠할지니라

마 16:18-19 너는 베드로라 내가 이 반석 위에 내 교회를 세우리니 음부의 권세가 이기지 못하리라 내가 천국 열쇠를 네게 주리니 네가 땅에서 무엇이든지 매면 하늘에서도 매일 것이요 네가 땅에서 무엇이든지 풀면 하늘에서도 풀리리라

행 20:28 여러분은 자기를 위하여 또는 온 양 떼를 위하여 삼가라 성령이 그들 가운데 여러분을 감독자로 삼고 하나님이 자기 피로 사신 교회를 보살피게 하셨느니라

롬 12:4-5 우리가 한 몸에 많은 지체를 가졌으나 모든 지체가 같은 기능을 가진 것이 아니니 이와 같이 우리 많은 사람이 그리스도 안에서 한 몸이 되어 서로 지체가 되었느니라

고전 3:16-17 너희는 너희가 하나님의 성전인 것과 하나님의 성령이 너희 안에 계시는 것을 알지 못하느냐 누구든지 하나님의 성전을 더럽히면 하나님이 그 사람을 멸하시리라 하나님의 성전은 거룩하니 너희도 그러하니라

고전 4:1-2 사람이 마땅히 우리를 그리스도의 일꾼이요 하나님의 비밀을 맡은 자로 여길지어다 그리고 맡은 자들에게 구할 것은 충성이니라

고전 12:4-7 은사는 여러 가지나 성령은 같고 직분은 여러 가지나 주는 같으며 또 사역은 여러 가지나 모든 것을 모든 사람 가운데서 이루시는 하나님은 같으니 각 사람에게 성령을 나타내심은 유익하게 하려 하심이라

고전 12:27-28 너희는 그리스도의 몸이요 지체의 각 부분이라 하나님이 교회 중에 몇을 세우셨으니 첫째는 사도요 둘째는 선지자요 셋째는 교사요 그 다음은 능력을 행하는 자요 그 다음은 병 고치는 은사와 서로 돕는 것과 다스리는 것과 각종 방언을 말하는 것이라

고전 14:26 그런즉 형제들아 어찌할까 너희가 모일 때에 각각 찬송시도 있으며 가르치는 말씀도 있으며 계시도 있으며 방언도 있으며 통역함도 있나니 모든 것을 덕을 세우기 위하여 하라

엡 2:20-22 너희는 사도들과 선지자들의 터 위에 세우심을 입은 자라 그리스도 예수께서 친히 모퉁잇돌이 되셨느니라 그의 안에서 건물마다 서로 연결하여 주 안에서 성전이 되어 가고 너희도 성령 안에서 하나님이 거하실 처소가 되기 위하여 그리스도 예수 안에서 함께 지어져 가느니라

엡 4:11-12 그가 어떤 사람은 사도로, 어떤 사람은 선지자로, 어떤 사람은 복음 전하는 자로, 어떤 사람은 목사와 교사로 삼으셨으니 이는 성도를 온전하게 하여 봉사의 일을 하게 하며 그리스도의 몸을 세우려 하심이라

엡 5:25-27 남편들아 아내 사랑하기를 그리스도께서 교회를 사랑하시고 그 교회를 위하여 자신을 주심 같이 하라 이는 곧 물로 씻어 말씀으로 깨끗하게 하사 거룩하게 하시고 자기 앞에 영광스러운 교회로 세우사 티나 주름 잡힌 것이나 이런 것들이 없이 거룩하고 흠이 없게 하려 하심이라

골 1:17-18 또한 그가 만물보다 먼저 계시고 만물이 그 안에 함께 섰느니라 그는 몸인 교회의 머리시라 그가 근본이시요 죽은 자들 가운데서 먼저 나신 이시니 이는 친히 만물의 으뜸이 되려 하심이요

딤전 1:12 나를 능하게 하신 그리스도 예수 우리 주께 내가 감사함은 나를 충성되이 여겨 내게 직분을 맡기심이니

딤전 3:15-16 만일 내가 지체하면 너로 하여금 하나님의 집에서 어떻게 행하여야 할지를 알게 하려 함이니 이 집은 살아 계신 하나님의 교회요 진리의 기둥과 터니라 크도다 경건의 비밀이여, 그렇지 않다 하는 이 없도다

딤후 4:5 너는 모든 일에 신중하여 고난을 받으며 전도자의 일을 하며 네 직무를 다하라

히 10:23-25 또 약속하신 이는 미쁘시니 우리가 믿는 도리의 소망을 움직이지 말며 굳게 잡고 서로 돌아보아 사랑과 선행을 격려하며 모이기를 폐하는 어떤 사람들의 습관과 같이 하지 말고 오직 권하여 그 날이 가까움을 볼수록 더욱 그리하자

벧전 2:4-5 사람에게는 버린 바가 되었으나 하나님께는 택하심을 입은 보배로운 산 돌이신 예수께 나아가 너희도 산 돌 같이 신령한 집으로 세워지고 예수 그리스도로 말미암아 하나님이 기쁘게 받으실 신령한 제사를 드릴 거룩한 제사장이 될지니라

벧전 4:10 각각 은사를 받은 대로 하나님의 여러 가지 은혜를 맡은 선한 청지기 같이 서로 봉사하라

계 3:12 이기는 자는 내 하나님 성전에 기둥이 되게 하리니 그가 결코 다시 나가지 아니하리라 내가 하나님의 이름과 하나님의 성 곧 하늘에서 내 하나님께로부터 내려오는 새 예루살렘의 이름과 나의 새 이름을 그이 위에 기록하리라

각종 은사로 우리를 무장시키시는 주님

그리스도인으로서 우리는 자신의 의지와 능력만으로는 주님의 뜻을 결코 이룰 수 없다. 우리는 주님과 친밀하게 교제하는 가운데 비로소 그분의 뜻을 올바로 파악할 수 있다. 그리고 주님은 성령을 통해 자신이 원하시는 뜻을 이루는 데 필요한 각종 은사들로써 우리를 무장시키신다. 또한 주님은 자신의 몸 된 교회의 일들이 몇몇 특정한 신자들에 의해 행해지는 것을 원하지 않으신다. 몸 된 교회의 머리로서 주님은 모든 신자에게 적절한 과업을 나누어주심으로써 몸 전체가 자신의 뜻을 성취하기 위해 함께 일할 수 있도록 하신다.

주제별 영성노트

Date . . .

이 주제 말씀을 통해 주께 받은 은혜와 위로를 나눠보세요.

주제별 감사기도

Date . . .

주제 말씀을 묵상한 뒤 하나님께 드리는 감사의 기도를 적어보세요.

형제사랑과 이웃사랑

레 19:18 원수를 갚지 말며 동포를 원망하지 말며 네 이웃 사랑하기를 네 자신과 같이 사랑하라 나는 여호와이니라

신 24:14-15 곤궁하고 빈한한 품꾼은 너희 형제든지 네 땅 성문 안에 우거하는 객이든지 그를 학대하지 말며 그 품삯을 당일에 주고 해 진 후까지 미루지 말라 이는 그가 가난하므로 그 품삯을 간절히 바람이라

시 101:5 자기의 이웃을 은근히 헐뜯는 자를 내가 멸할 것이요 눈이 높고 마음이 교만한 자를 내가 용납하지 아니하리로다

시 133:1 보라 형제가 연합하여 동거함이 어찌 그리 선하고 아름다운고

잠 14:21 이웃을 업신여기는 자는 죄를 범하는 자요 빈곤한 자를 불쌍히 여기는 자는 복이 있는 자니라

말 2:10 우리는 한 아버지를 가지지 아니하였느냐 한 하나님께서 지으신 바가 아니냐 어찌하여 우리 각 사람이 자기 형제에게 거짓을 행하여 우리 조상들의 언약을 욕되게 하느냐

마 22:37-40 예수께서 이르시되 네 마음을 다하고 목숨을 다하고 뜻을 다하여 주 너의 하나님을 사랑하라 하셨으니 이것이 크고 첫째 되는 계명이요 둘째도 그와 같으니 네 이웃을 네 자신 같이 사랑하라 하셨으니 이 두 계명이 온 율법과 선지자의 강령이니라

마 25:40 내가 진실로 너희에게 이르노니 너희가 여기 내 형제 중에 지극히 작은 자 하나에게 한 것이 곧 내게 한 것이니라

눅 10:29-30, 36-37 그 사람이 자기를 옳게 보이려고 예수께 여짜오되 그러면 내 이웃이 누구니이까 예수께서 대답하여 이르시되 네 생각에는 이 세 사람 중에 누가 강도 만난 자의 이웃이 되겠느냐 이르되 자비를 베푼 자니이다 예수께서 이르시되 가서 너도 이와 같이 하라 하시니라

요 13:34 새 계명을 너희에게 주노니 서로 사랑하라 내가 너희를 사랑한 것 같이 너희도 서로 사랑하라

롬 12:9-11 사랑에는 거짓이 없나니 악을 미워하고 선에 속하라 형제를 사랑하여 서로 우애하고 존경하기를 서로 먼저 하며 부지런하여 게으르지 말고 열심을 품고 주를 섬기라

롬 13:8-10 피차 사랑의 빚 외에는 아무에게든지 아무 빚도 지지 말라 남을 사랑하는 자는 율법을 다 이루었느니라 간음하지 말라, 살인하지 말라, 도둑질하지 말라, 탐내지 말라 한 것과 그 외에 다른 계명이 있을지라도 네 이웃을 네 자신과 같이 사랑하라 하신 그 말씀 가운데 다 들었느니라 사랑은 이웃에게 악을 행하지 아니하나니 그러므로 사랑은 율법의 완성이니라

롬 15:1-2 믿음이 강한 우리는 마땅히 믿음이 약한 자의 약점을 담당하고 자기를 기쁘게 하지 아니할 것이라 우리 각 사람이 이웃을 기쁘게 하되 선을 이루고 덕을 세우도록 할지니라

갈 5:14-15 온 율법은 네 이웃 사랑하기를 네 자신 같이 하라 하신 한 말씀에서 이루어졌나니 만일 서로 물고 먹으면 피차 멸망할까 조심하라

갈 6:2 너희가 짐을 서로 지라 그리하여 그리스도의 법을 성취하라

히 13:1-2 형제 사랑하기를 계속하고 손님 대접하기를 잊지 말라 이로써 부지중에 천사들을 대접한 이들이 있었느니라

약 2:8-9 너희가 만일 성경에 기록된 대로 네 이웃 사랑하기를 네 몸과 같이 하라 하신 최고의 법을 지키면 잘하는 것이거니와 만일 너희가 사람을 차별하여 대하면 죄를 짓는 것이니 율법이 너희를 범법자로 정죄하리라

약 2:15-17 만일 형제나 자매가 헐벗고 일용할 양식이 없는데 너희 중에 누구든지 그에게 이르되 평안히 가라, 덥게 하라, 배부르게 하라 하며 그 몸에 쓸 것을 주지 아니하면 무슨 유익이 있으리요 이와 같이 행함이 없는 믿음은 그 자체가 죽은 것이라

약 4:11 형제들아 서로 비방하지 말라 형제를 비방하는 자나 형제를 판단하는 자는 곧 율법을 비방하고 율법을 판단하는 것이라

벧전 3:8 마지막으로 말하노니 너희가 다 마음을 같이하여 동정하며 형제를 사랑하며 불쌍히 여기며 겸손하며 악을 악으로, 욕을 욕으로 갚지 말고 도리어 복을 빌라 이를 위하여 너희가 부르심을 받았으니 이는 복을 이어받게 하려 하심이라

요일 3:17-18 누가 이 세상의 재물을 가지고 형제의 궁핍함을 보고도 도와 줄 마음을 닫으면 하나님의 사랑이 어찌 그 속에 거하겠느냐 자녀들아 우리가 말과 혀로만 사랑하지 말고 행함과 진실함으로 하자

도로 표지판과 순수한 믿음

도로에 세워져 있는 길 안내판을 보라.

거기엔 소크라테스, 플라톤, 칸트에게서 인용한 그 어떤 사상이나

글귀도 없다. 단지 길을 안내하는 짧은 글만 있을 뿐이다.

성경도 그렇다. 성경에는 오직 죄의 길에서 벗어나 구원의 길에 이르는

생명의 표지판만 있다. 우리는 그것만으로 충분하다.

따라서 성경 속에서 과학적 진리나 역사적 사실을 인식하고자 애쓴다면

그것은 잘못이다. 성경이 그런 것들을 무시해서가 아니라,

성경의 목적이 구원과 영생에 있기 때문이다.

우리는 단지 성경의 안내판을 그대로 믿고 순수한 믿음으로 따라갈 때

구원과 영생의 문에 도달한다.

주제별 영성노트

Date . . .

이 주제 말씀을 통해 주께 받은 은혜와 위로를 나눠보세요.

주제별 감사기도

Date . . .

주제 말씀을 묵상한 뒤 하나님께 드리는 감사의 기도를 적어보세요.

성결과 거룩

레 20:26 너희는 나에게 거룩할지어다 이는 나 여호와가 거룩하고 내가 또 너희를 나의 소유로 삼으려고 너희를 만민 중에서 구별하였음이니라

신 7:6, 11 너는 여호와 네 하나님의 성민이라 네 하나님 여호와께서 지상 만민 중에서 너를 자기 기업의 백성으로 택하셨나니 그런즉 너는 오늘 내가 네게 명하는 명령과 규례와 법도를 지켜 행할지니라

시 24:3-4 여호와의 산에 오를 자가 누구며 그의 거룩한 곳에 설 자가 누구인가 곧 손이 깨끗하며 마음이 청결하며 뜻을 허탄한 데에 두지 아니하며 거짓 맹세하지 아니하는 자로다

시 51:7, 10 우슬초로 나를 정결하게 하소서 내가 정하리이다 나의 죄를 씻어 주소서 내가 눈보다 희리이다 하나님이여 내 속에 정한 마음을 창조하시고 내 안에 정직한 영을 새롭게 하소서

마 5:8 마음이 청결한 자는 복이 있나니 그들이 하나님을 볼 것임이요

마 23:26 눈 먼 바리새인이여 너는 먼저 안을 깨끗이 하라 그리하면 겉도 깨끗하리라

요 17:16-17 내가 세상에 속하지 아니함 같이 그들도 세상에 속하지 아니하였사옵나이다 그들을 진리로 거룩하게 하옵소서 아버지의 말씀은 진리니이다

롬 6:19 전에 너희가 너희 지체를 부정과 불법에 내주어 불법에 이른 것 같이 이제는 너희 지체를 의에게 종으로 내주어 거룩함에 이르라

롬 12:1 형제들아 내가 하나님의 모든 자비하심으로 너희를 권하노니 너희 몸을 하나님이 기뻐하시는 거룩한 산 제물로 드리라 이는 너희가 드릴 영적 예배니라

롬 13:12-14 밤이 깊고 낮이 가까웠으니 그러므로 우리가 어둠의 일을 벗고 빛의 갑옷을 입자 낮에와 같이 단정히 행하고 방탕하거나 술 취하지 말며 음란하거나 호색하지 말며 다투거나 시기하지 말고 오직 주 예수 그리스도로 옷 입고 정욕을 위하여 육신의 일을 도모하지 말라

고후 7:1 사랑하는 자들아 이 약속을 가진 우리는 하나님을 두려워하는 가운데서 거룩함을 온전히 이루어 육과 영의 온갖 더러운 것에서 자신을 깨끗하게 하자

엡 4:22-24 너희는 유혹의 욕심을 따라 썩어져 가는 구습을 따르는 옛 사람을 벗어 버리고 오직 너희의 심령이 새롭게 되어 하나님을 따라 의와 진리의 거룩함으로 지으심을 받은 새 사람을 입으라

엡 5:1, 3 그러므로 사랑을 받는 자녀 같이 너희는 하나님을 본받는 자가 되고 음행과 온갖 더러운 것과 탐욕은 너희 중에서 그 이름조차도 부르지 말라 이는 성도에게 마땅한 바니라

골 1:21-23 전에 악한 행실로 멀리 떠나 마음으로 원수가 되었던 너희를 이제는 그의 육체의 죽음으로 말미암아 화목하게 하사 너희를 거룩하고 흠 없고 책망할 것이 없는 자로 그 앞에 세우고자 하셨으니 만일 너희가 믿음에 거하고 터 위에 굳게 서서 너희 들은 바 복음의 소망에서 흔들리지 아니하면 그리하리라

살전 4:3, 7-8 하나님의 뜻은 이것이니 너희의 거룩함이라 하나님이 우리를 부르심은 부정하게 하심이 아니요 거룩하게 하심이니 그러므로 저버리는 자는 사람을 저버림이 아니요 너희에게 그의 성령을 주신 하나님을 저버림이니라

딤후 2:21-22 그러므로 누구든지 이런 것에서 자기를 깨끗하게 하면 귀히 쓰는 그릇이 되어 거룩하고 주인의 쓰심에 합당하며 모든 선한 일에 준비함이 되리라 또한 너는 청년의 정욕을 피하고 주를 깨끗한 마음으로 부르는 자들과 함께 의와 믿음과 사랑과 화평을 따르라

히 9:13-14 염소와 황소의 피와 및 암송아지의 재를 부정한 자에게 뿌려 그 육체를 정결하게 하여 거룩하게 하거든 하물며 영원하신 성령으로 말미암아 흠 없는 자기를 하나님께 드린 그리스도의 피가 어찌 너희 양심을 죽은 행실에서 깨끗하게 하고 살아 계신 하나님을 섬기게 하지 못하겠느냐

히 10:19, 22 그러므로 형제들아 우리가 예수의 피를 힘입어 성소에 들어갈 담력을 얻었나니 우리가 마음에 뿌림을 받아 악한 양심으로부터 벗어나고 몸은 맑은 물로 씻음을 받았으니 참 마음과 온전한 믿음으로 하나님께 나아가자

히 12:14 모든 사람과 더불어 화평함과 거룩함을 따르라 이것이 없이는 아무도 주를 보지 못하리라

약 4:8 하나님을 가까이하라 그리하면 너희를 가까이하시리라 죄인들아 손을 깨끗이 하라 두 마음을 품은 자들아 마음을 성결하게 하라

벧전 1:14-15 너희가 순종하는 자식처럼 전에 알지 못할 때에 따르던 너희 사욕을 본받지 말고 오직 너희를 부르신 거룩한 이처럼 너희도 모든 행실에 거룩한 자가 되라

벧후 3:11-12 너희가 어떠한 사람이 되어야 마땅하냐 거룩한 행실과 경건함으로 하나님의 날이 임하기를 바라보고 간절히 사모하라

요일 1:7 그가 빛 가운데 계신 것 같이 우리도 빛 가운데 행하면 우리가 서로 사귐이 있고 그 아들 예수의 피가 우리를 모든 죄에서 깨끗하게 하실 것이요

요일 3:3 주를 향하여 이 소망을 가진 자마다 그의 깨끗하심과 같이 자기를 깨끗하게 하느니라

계 19:7-8 우리가 즐거워하고 크게 기뻐하며 그에게 영광을 돌리세 어린 양의 혼인 기약이 이르렀고 그의 아내가 자신을 준비하였으므로 그에게 빛나고 깨끗한 세마포 옷을 입도록 허락하셨으니 이 세마포 옷은 성도들의 옳은 행실이로다

주님의 미쁘심을 의심하지 말라

거리를 거닐 때 공중의 새가 당신의 머리 위로
날아가는 것을 막을 수 없는 것처럼, 신앙의 의심이 당신 머릿속에
문득문득 떠오르는 것을 막을 순 없다. 하지만 새들이
당신의 머리 위에 둥지 트는 것은 얼마든지 거부할 수 있다.
마찬가지로 당신은 각종 신앙의 의심들에 동의하거나
그것들에 미혹당하는 것을 거부할 수 있다.
의심을 허락하기 전까지는 그 의심은 당신의 것이 아니다.
따라서 의심이 방문하면, 그것이 당신의 마음속에
둥지를 틀지 못하도록 곧바로 떨쳐내야 한다. 온갖 의심과 불신에
미혹당하지 않도록 더욱 주님을 신뢰하라.

주제별 영성노트

Date . . .

이 주제 말씀을 통해 주께 받은 은혜와 위로를 나눠보세요.

주제별 감사기도

Date . . .

주제 말씀을 묵상한 뒤 하나님께 드리는 감사의 기도를 적어보세요.

연합과 일치

요 15:4-5 내 안에 거하라 나도 너희 안에 거하리라 가지가 포도나무에 붙어 있지 아니하면 스스로 열매를 맺을 수 없음 같이 너희도 내 안에 있지 아니하면 그러하리라 나는 포도나무요 너희는 가지라 그가 내 안에, 내가 그 안에 거하면 사람이 열매를 많이 맺나니 나를 떠나서는 너희가 아무 것도 할 수 없음이라

요 17:21-22 아버지여, 아버지께서 내 안에, 내가 아버지 안에 있는 것 같이 그들도 다 하나가 되어 우리 안에 있게 하사 세상으로 아버지께서 나를 보내신 것을 믿게 하옵소서 내게 주신 영광을 내가 그들에게 주었사오니 이는 우리가 하나가 된 것 같이 그들도 하나가 되게 하려 함이니이다

행 4:32 믿는 무리가 한마음과 한 뜻이 되어 모든 물건을 서로 통용하고 자기 재물을 조금이라도 자기 것이라 하는 이가 하나도 없더라

롬 12:4-5 우리가 한 몸에 많은 지체를 가졌으나 모든 지체가 같은 기능을 가진 것이 아니니 이와 같이 우리 많은 사람이 그리스도 안에서 한 몸이 되어 서로 지체가 되었느니라

롬 15:5-6 이제 인내와 위로의 하나님이 너희로 그리스도 예수를 본받아 서로 뜻이 같게 하여 주사 한마음과 한 입으로 하나님 곧 우리 주 예수 그리스도의 아버지께 영광을 돌리게 하려 하노라

고전 1:10 형제들아 내가 우리 주 예수 그리스도의 이름으로 너희를 권하노니 모두가 같은 말을 하고 너희 가운데 분쟁이 없이 같은 마음과 같은 뜻으로 온전히 합하라

고전 12:13 우리가 유대인이나 헬라인이나 종이나 자유인이나 다 한 성령으로 세례를 받아 한 몸이 되었고 또 다 한 성령을 마시게 하셨느니라

갈 3:27-28 누구든지 그리스도와 합하기 위하여 세례를 받은 자는 그리스도로 옷 입었느니라 너희는 유대인이나 헬라인이나 종이나 자유인이나 남자나 여자나 다 그리스도 예수 안에서 하나이니라

엡 4:4-6 몸이 하나요 성령도 한 분이시니 이와 같이 너희가 부르심의 한 소망 안에서 부르심을 받았느니라 주도 한 분이시요 믿음도 하나요 세례도 하나요 하나님도 한 분이시니 곧 만유의 아버지시라 만유 위에 계시고 만유를 통일하시고 만유 가운데 계시도다

빌 1:27-28 오직 너희는 그리스도의 복음에 합당하게 생활하라 이는 내가 너희에게 가 보나 떠나 있으나 너희가 한마음으로 서서 한 뜻으로 복음의 신앙을 위하여 협력하는 것과 무슨 일에든지 대적하는 자들 때문에 두려워하지 아니하는 이 일을 듣고자 함이라 이것이 그들에게는 멸망의 증거요 너희에게는 구원의 증거니 이는 하나님께로부터 난 것이라

빌 2:1-4 그러므로 그리스도 안에 무슨 권면이나 사랑의 무슨 위로나 성령의 무슨 교제나 긍휼이나 자비가 있거든 마음을 같이하여 같은 사랑을 가지고 뜻을 합하며 한마음을 품어 아무 일에든지 다툼이나 허영으로 하지 말고 오직 겸손한 마음으로 각각 자기보다 남을 낫게 여기고 각각 자기 일을 돌볼뿐더러 또한 각각 다른 사람들의 일을 돌보아 나의 기쁨을 충만하게 하라

빌 4:1-2 그러므로 나의 사랑하고 사모하는 형제들, 나의 기쁨이요 면류관인 사랑하는 자들아 이와 같이 주 안에 서라 내가 유오디아를 권하고 순두게를 권하노니 주 안에서 같은 마음을 품으라

벧전 3:8-9 마지막으로 말하노니 너희가 다 마음을 같이하여 동정하며 형제를 사랑하며 불쌍히 여기며 겸손하며 악을 악으로, 욕을 욕으로 갚지 말고 도리어 복을 빌라 이를 위하여 너희가 부르심을 받았으니 이는 복을 이어받게 하려 하심이라

한 작은 개인에게도 깊은 관심을!

바울은 주님의 큰 사역을 감당하고 있었다. 하지만 로마 옥중의 바울은 재물을 훔쳐 주인에게서 도망친 한 노예 오네시모에 대해 깊은 관심을 갖고, 그를 위해 간절한 탄원의 편지를 썼다. 우리가 동료 그리스도인들을 사랑한다고 말하는 것은 쉽다. 하지만 말로만 아니라, 바울처럼 형제를 대하는 방식을 통해서 우리의 사랑을 증명해 보여야 한다. 당신이 원대한 목표와 비전을 가지고 있을지라도, 그런 그늘 아래 가려져 있을지 모를 한 작은 개인에게도 관심을 가져라. 어쩌면 그것은 크고 높은 목표나 비전 못지않게 소중한 주님의 일이리라!

주제별 영성노트

Date . . .

이 주제 말씀을 통해 주께 받은 은혜와 위로를 나눠보세요.

주제별 감사기도

Date . . .

주제 말씀을 묵상한 뒤 하나님께 드리는 감사의 기도를 적어보세요.

성숙과 절제

잠 10:19 말이 많으면 허물을 면하기 어려우나 그 입술을 제어하는 자는 지혜가 있느니라

잠 16:32 노하기를 더디하는 자는 용사보다 낫고 자기의 마음을 다스리는 자는 성을 빼앗는 자보다 나으니라

고전 1:8-9 주께서 너희를 우리 주 예수 그리스도의 날에 책망할 것이 없는 자로 끝까지 견고하게 하시리라 너희를 불러 그의 아들 예수 그리스도 우리 주와 더불어 교제하게 하시는 하나님은 미쁘시도다

고전 3:6-7 나는 심었고 아볼로는 물을 주었으되 오직 하나님께서 자라나게 하셨나니 그런즉 심는 이나 물 주는 이는 아무 것도 아니로되 오직 자라게 하시는 이는 하나님뿐이니라

고전 9:25 이기기를 다투는 자마다 모든 일에 절제하나니 그들은 썩을 승리자의 관을 얻고자 하되 우리는 썩지 아니할 것을 얻고자 하노라

고후 4:16 그러므로 우리가 낙심하지 아니하노니 우리의 겉사람은 낡아지나 우리의 속사람은 날로 새로워지도다

갈 5:22-23 오직 성령의 열매는 사랑과 희락과 화평과 오래 참음과 자비와 양선과 충성과 온유와 절제니 이같은 것을 금지할 법이 없느니라

엡 3:16-19 그의 영광의 풍성함을 따라 그의 성령으로 말미암아 너희 속사람을 능력으로 강건하게 하시오며 믿음으로 말미암아 그리스도께서 너희 마음에 계시게 하시옵고 너희가 사랑 가운데서 뿌리가 박히고 터가 굳어져서 능히 모든 성도와 함께 지식에 넘치는 그리스도의 사랑을 알고 그 너비와 길이와 높이와 깊이가 어떠함을 깨달아 하나님의 모든 충만하신 것으로 너희에게 충만하게 하시기를 구하노라

엡 4:13-16 우리가 다 하나님의 아들을 믿는 것과 아는 일에 하나가 되어 온전한 사람을 이루어 그리스도의 장성한 분량이 충만한 데까지 이르리니 이는 우리가 이제부터 어린 아이가 되지 아니하여 사람의 속임수와 간사한 유혹에 빠져 온갖 교훈의 풍조에 밀려 요동하지 않게 하려 함이라 오직 사랑 안에서 참된 것을 하여 범사에 그에게까지 자랄지라 그는 머리니 곧 그리스도라 그에게서 온 몸이 각 마디를 통하여 도움을 받음으로 연결되고 결합되어 각 지체의 분량대로 역사하여 그 몸을 자라게 하며 사랑 안에서 스스로 세우느니라

골 1:10-12 주께 합당하게 행하여 범사에 기쁘시게 하고 모든 선한 일에 열매를 맺게 하시며 하나님을 아는 것에 자라게 하시고 그의 영광의 힘을 따라 모든 능력으로 능하게 하시며 기쁨으로 모든 견딤과 오래 참음에 이르게 하시고 우리로 하여금 빛 가운데서 성도의 기업의 부분을 얻기에 합당하게 하신 아버지께 감사하게 하시기를 원하노라

골 2:6-7, 10, 19 그러므로 너희가 그리스도 예수를 주로 받았으니 그 안에서 행하되 그 안에 뿌리를 박으며 세움을 받아 교훈을 받은 대로 믿음에 굳게 서서 감사함을 넘치게 하라 그는 모든 통치자와 권세의 머리시라 온 몸이 머리로 말미암아 마디와 힘줄로 공급함을 받고 연합하여 하나님이 자라게 하시므로 자라느니라

골 3:9-10 너희가 서로 거짓말을 하지 말라 옛 사람과 그 행위를 벗어 버리고 새 사람을 입었으니 이는 자기를 창조하신 이의 형상을 따라 지식에까지 새롭게 하심을 입은 자니라

살전 3:12-13 또 주께서 우리가 너희를 사랑함과 같이 너희도 피차간과 모든 사람에 대한 사랑이 더욱 많아 넘치게 하사 너희 마음을 굳건하게 하시고 우리 주 예수께서 그의 모든 성도와 함께 강림하실 때에 하나님 우리 아버지 앞에서 거룩함에 흠이 없게 하시기를 원하노라

살전 5:21-23 범사에 헤아려 좋은 것을 취하고 악은 어떤 모양이라도 버리라 평강의 하나님이 친히 너희를 온전히 거룩하게 하시고 또 너희의 온 영과 혼과 몸이 우리 주 예수 그리스도께서 강림하실 때에 흠 없게 보전되기를 원하노라

딤전 4:7-8 망령되고 허탄한 신화를 버리고 경건에 이르도록 네 자신을 연단하라 육체의 연단은 약간의 유익이 있으나 경건은 범사에 유익하니 금생과 내생에 약속이 있느니라

벧전 2:1-3 모든 악독과 모든 기만과 외식과 시기와 모든 비방하는 말을 버리고 갓난 아기들 같이 순전하고 신령한 젖을 사모하라 이는 그로 말미암아 너희로 구원에 이르도록 자라게 하려 함이라 너희가 주의 인자하심을 맛보았으면 그리하라

벧후 1:5-7 너희가 더욱 힘써 너희 믿음에 덕을, 덕에 지식을, 지식에 절제를, 절제에 인내를, 인내에 경건을, 경건에 형제 우애를, 형제 우애에 사랑을 더하라

벧후 3:18 오직 우리 주 곧 구주 예수 그리스도의 은혜와 그를 아는 지식에서 자라 가라 영광이 이제와 영원한 날까지 그에게 있을지어다

순수한 믿음의 양육자가 되자

디모데는 거짓 없는 순수한 믿음을 지녔다.
어머니 유니게와 외할머니 로이스의 믿음을 물려받았기 때문이다.
오늘날 우리에게 유니게와 로이스는 올바른 신앙의 모델이 된다.
어머니는 누구보다도 친밀하고도 영향력 있게
자녀들에게 성경을 가르칠 수 있는 존재다. 자신의 믿음을
고스란히 자녀에게 물려줄 수 있다.
유니게와 로이스는 거짓 없는 순수한 믿음으로
자녀들 앞에서 모범이 되었다. 또 그러한 믿음을
사랑하는 자녀들에게 물려주는 것보다 더 중요하고 가치 있는 일은
세상에 없다는 것을 생생하게 증거하고 있다.

주제별 영성노트

Date . . .

이 주제 말씀을 통해 주께 받은 은혜와 위로를 나눠보세요.

주제별 감사기도

Date . . .

주제 말씀을 묵상한 뒤 하나님께 드리는 감사의 기도를 적어보세요.

효도와 부모공경

출 20:12 네 부모를 공경하라 그리하면 네 하나님 여호와가 네게 준 땅에서 네 생명이 길리라

레 19:3 너희 각 사람은 부모를 경외하고 나의 안식일을 지키라 나는 너희의 하나님 여호와이니라

레 20:9 만일 누구든지 자기의 아버지나 어머니를 저주하는 자는 반드시 죽일지니 그가 자기의 아버지나 어머니를 저주하였은즉 그의 피가 자기에게로 돌아가리라

신 5:16 너는 네 하나님 여호와께서 명령한 대로 네 부모를 공경하라 그리하면 네 하나님 여호와가 네게 준 땅에서 네 생명이 길고 복을 누리리라

신 27:16 그의 부모를 경홀히 여기는 자는 저주를 받을 것이라 할 것이요 모든 백성은 아멘 할지니라

잠 1:8-9 내 아들아 네 아비의 훈계를 들으며 네 어미의 법을 떠나지 말라 이는 네 머리의 아름다운 관이요 네 목의 금 사슬이니라

잠 6:20-23 내 아들아 네 아비의 명령을 지키며 네 어미의 법을 떠나지 말고 그것을 항상 네 마음에 새기며 네 목에 매라 그것이 네가 다닐 때에 너를 인도하며 네가 잘 때에 너를 보호하며 네가 깰 때에 너와 더불어 말하리니 대저 명령은 등불이요 법은 빛이요 훈계의 책망은 곧 생명의 길이라

잠 10:1 솔로몬의 잠언이라 지혜로운 아들은 아비를 기쁘게 하거니와 미련한 아들은 어미의 근심이니라

잠 13:1 지혜로운 아들은 아비의 훈계를 들으나 거만한 자는 꾸지람을 즐겨 듣지 아니하느니라

잠 15:5, 20 아비의 훈계를 업신여기는 자는 미련한 자요 경계를 받는 자는 슬기를 얻을 자니라 지혜로운 아들은 아비를 즐겁게 하여도 미련한 자는 어미를 업신여기느니라

잠 20:20 자기의 아비나 어미를 저주하는 자는 그의 등불이 흑암 중에 꺼짐을 당하리라

잠 23:22, 24-25 너를 낳은 아비에게 청종하고 네 늙은 어미를 경히 여기지 말지니라 의인의 아비는 크게 즐거울 것이요 지혜로운 자식을 낳은 자는 그로 말미암아 즐거울 것이니라 네 부모를 즐겁게 하며 너를 낳은 어미를 기쁘게 하라

잠 30:17 아비를 조롱하며 어미 순종하기를 싫어하는 자의 눈은 골짜기의 까마귀에게 쪼이고 독수리 새끼에게 먹히리라

엡 6:1-3 자녀들아 주 안에서 너희 부모에게 순종하라 이것이 옳으니라 네 아버지와 어머니를 공경하라 이것은 약속이 있는 첫 계명이니 이로써 네가 잘되고 땅에서 장수하리라

골 3:20 자녀들아 모든 일에 부모에게 순종하라 이는 주 안에서 기쁘게 하는 것이니라

딤전 5:4 만일 어떤 과부에게 자녀나 손자들이 있거든 그들로 먼저 자기 집에서 효를 행하여 부모에게 보답하기를 배우게 하라 이것이 하나님 앞에 받으실 만한 것이니라

크리스천과 돈

항상 돈이 부족하다고 느끼는가?

그렇게 느끼는 이유가 정말 돈이 더 필요해서인가?

아니면 좀 더 많은 돈이 있어야 한다고 세상이 다그치기 때문인가?

사실, 돈은 중요하다. 예수님의 40가지 비유 중에서 15가지가 '돈'에 대한 것이다. 하지만 예수님의 결론은 언제나 분명했다. "사람의 생명이 그 소유의 넉넉한 데 있지 아니하다."라고 가르치셨다. 다음 상황을 머릿속에 그려보자. "내일이면 내 인생이 끝난다. 남은 하루를 무엇과 더불어 의미 있게 보낼 것인가?"

돈은 삶을 위해 적당한 필요의 대상일 뿐

사랑과 추구의 대상은 아니다.

주제별 영성노트

Date . . .

이 주제 말씀을 통해 주께 받은 은혜와 위로를 나눠보세요.

주제별 감사기도

Date . . .

주제 말씀을 묵상한 뒤 하나님께 드리는 감사의 기도를 적어보세요.

시련과 환난

시 46:1-3 하나님은 우리의 피난처시요 힘이시니 환난 중에 만날 큰 도움이시라 그러므로 땅이 변하든지 산이 흔들려 바다 가운데에 빠지든지 바닷물이 솟아나고 뛰놀든지 그것이 넘침으로 산이 흔들릴지라도 우리는 두려워하지 아니하리로다

시 66:10-12 하나님이여 주께서 우리를 시험하시되 우리를 단련하시기를 은을 단련함 같이 하셨으며 우리를 끌어 그물에 걸리게 하시며 어려운 짐을 우리 허리에 매어 두셨으며 사람들이 우리 머리를 타고 가게 하셨나이다 우리가 불과 물을 통과하였더니 주께서 우리를 끌어내사 풍부한 곳에 들이셨나이다

시 94:12-13 여호와여 주로부터 징벌을 받으며 주의 법으로 교훈하심을 받는 자가 복이 있나니 이런 사람에게는 환난의 날을 피하게 하사 악인을 위하여 구덩이를 팔 때까지 평안을 주시리이다

시 121:7-8 여호와께서 너를 지켜 모든 환난을 면하게 하시며 또 네 영혼을 지키시리로다 여호와께서 너의 출입을 지금부터 영원까지 지키시리로다

잠 17:3 도가니는 은을, 풀무는 금을 연단하거니와 여호와는 마음을 연단하시느니라

사 48:9-10 내 이름을 위하여 내가 노하기를 더디 할 것이며 내 영광을 위하여 내가 참고 너를 멸절하지 아니하리라 보라 내가 너를 연단하였으나 은처럼 하지 아니하고 너를 고난의 풀무 불에서 택하였노라

렘 9:7 보라 내가 내 딸 백성을 어떻게 처치할꼬 그들을 녹이고 연단하리라

단 12:10 많은 사람이 연단을 받아 스스로 정결하게 하며 희게 할 것이나 악한 사람은 악을 행하리니 악한 자는 아무것도 깨닫지 못하되 오직 지혜 있는 자는 깨달으리라

슥 13:8-9 여호와가 말하노라 이 온 땅에서 삼분의 이는 멸망하고 삼분의 일은 거기 남으리니 내가 그 삼분의 일을 불 가운데에 던져 은 같이 연단하며 금 같이 시험할 것이라 그들이 내 이름을 부르리니 내가 들을 것이며 나는 말하기를 이는 내 백성이라 할 것이요 그들은 말하기를 여호와는 내 하나님이시라 하리라

마 5:11-12 의를 위하여 박해를 받은 자는 복이 있나니 천국이 그들의 것임이라 나로 말미암아 너희를 욕하고 박해하고 거짓으로 너희를 거슬러 모든 악한 말을 할 때에는 너희에게 복이 있나니 기뻐하고 즐거워하라 하늘에서 너희의 상이 큼이라 너희 전에 있던 선지자들도 이같이 박해하였느니라

요 15:18-19 세상이 너희를 미워하면 너희보다 먼저 나를 미워한 줄을 알라 너희가 세상에 속하였으면 세상이 자기의 것을 사랑할 것이나 너희는 세상에 속한 자가 아니요 도리어 내가 너희를 세상에서 택하였기 때문에 세상이 너희를 미워하느니라

요 16:33 이것을 너희에게 이르는 것은 너희로 내 안에서 평안을 누리게 하려 함이라 세상에서는 너희가 환난을 당하나 담대하라 내가 세상을 이기었노라

롬 5:3-4 다만 이뿐 아니라 우리가 환난 중에도 즐거워하나니 이는 환난은 인내를, 인내는 연단을, 연단은 소망을 이루는 줄 앎이로다

고전 10:13 사람이 감당할 시험 밖에는 너희가 당한 것이 없나니 오직 하나님은 미쁘사 너희가 감당하지 못할 시험 당함을 허락하지 아니하시고 시험 당할 즈음에 또한 피할 길을 내사 너희로 능히 감당하게 하시느니라

고후 4:8-10 우리가 사방으로 욱여쌈을 당하여도 싸이지 아니하며 답답한 일을 당하여도 낙심하지 아니하며 박해를 받아도 버린 바 되지 아니하며 거꾸러뜨림을 당하여도 망하지 아니하고 우리가 항상 예수의 죽음을 몸에 짊어짐은 예수의 생명이 또한 우리 몸에 나타나게 하려 함이라

고후 4:17-18 우리가 잠시 받는 환난의 경한 것이 지극히 크고 영원한 영광의 중한 것을 우리에게 이루게 함이니 우리가 주목하는 것은 보이는 것이 아니요 보이지 않는 것이니 보이는 것은 잠깐이요 보이지 않는 것은 영원함이라

고후 12:10 그러므로 내가 그리스도를 위하여 약한 것들과 능욕과 궁핍과 박해와 곤고를 기뻐하노니 이는 내가 약한 그 때에 강함이라

골 1:24 나는 이제 너희를 위하여 받는 괴로움을 기뻐하고 그리스도의 남은 고난을 그의 몸된 교회를 위하여 내 육체에 채우노라

살후 1:4 그러므로 너희가 견디고 있는 모든 박해와 환난 중에서 너희 인내와 믿음으로 말미암아 하나님의 여러 교회에서 우리가 친히 자랑하노라

딤후 1:8 너는 내가 우리 주를 증언함과 또는 주를 위하여 갇힌 자 된 나를 부끄러워하지 말고 오직 하나님의 능력을 따라 복음과 함께 고난을 받으라

딤후 3:12 무릇 그리스도 예수 안에서 경건하게 살고자 하는 자는 박해를 받으리라

히 5:13-14 젖을 먹는 자마다 어린아이니 의의 말씀을 경험하지 못한 자요 단단한 음식은 장성한 자의 것이니 그들은 지각을 사용함으로 연단을 받아 선악을 분별하는 자들이니라

히 10:34-35 너희가 갇힌 자를 동정하고 너희 소유를 빼앗기는 것도 기쁘게 당한 것은 더 낫고 영구한 소유가 있는 줄 앎이라 그러므로 너희 담대함을 버리지 말라 이것이 큰 상을 얻게 하느니라

히 12:6, 11 주께서 그 사랑하시는 자를 징계하시고 그가 받아들이시는 아들마다 채찍질하심이라 하였으니 무릇 징계가 당시에는 즐거워 보이지 않고 슬퍼 보이나 후에 그로 말미암아 연단 받은 자들은 의와 평강의 열매를 맺느니라

히 13:12-13 예수도 자기 피로써 백성을 거룩하게 하려고 성문 밖에서 고난을 받으셨느니라 그런즉 우리도 그의 치욕을 짊어지고 영문 밖으로 그에게 나아가자

벧전 1:6-7 너희가 이제 여러 가지 시험으로 말미암아 잠깐 근심하게 되지 않을 수 없으나 오히려 크게 기뻐하는도다 너희 믿음의 확실함은 불로 연단하여도 없어질 금보다 더 귀하여 예수 그리스도께서 나타나실 때에 칭찬과 영광과 존귀를 얻게 할 것이니라

벧전 3:14, 16 의를 위하여 고난을 받으면 복 있는 자니 그들이 두려워하는 것을 두려워하지 말며 근심하지 말고 선한 양심을 가지라 이는 그리스도 안에 있는 너희의 선행을 욕하는 자들로 그 비방하는 일에 부끄러움을 당하게 하려 함이라

벧전 4:12-13 사랑하는 자들아 너희를 연단하려고 오는 불 시험을 이상한 일 당하는 것 같이 이상히 여기지 말고 오히려 너희가 그리스도의 고난에 참여하는 것으로 즐거워하라

계 2:10 너는 장차 받을 고난을 두려워하지 말라 볼지어다 마귀가 장차 너희 가운데에서 몇 사람을 옥에 던져 시험을 받게 하리니 너희가 십 일 동안 환난을 받으리라 네가 죽도록 충성하라 그리하면 내가 생명의 관을 네게 주리라

적절한 은혜의 소금을 뿌리자

어떤 음식을 만드는데, 소금을 설탕으로 착각하고
듬뿍 넣었다고 생각해보라! 그 음식을 먹은 사람은
어떻게 반응할 것인가? 양념의 기술은 적절한 조절의 문제다.
골고루 뿌려진 소금은 얼마나 음식 맛을 돋우어 주는가!
그리스도인으로서 우리는 '하나님의 은혜'라는 소금을
우리의 대화 가운데에 골고루 적절하게 뿌려야 한다.
소금이 좋은 것이긴 하지만 다른 이들을
찡그리게 하는 방식으로 한도 이상 듬뿍 넣어선 안 된다.
적절하고 골고루 뿌려진 은혜의 소금은 대화의 질과 내용을
격상시켜 주고 부패와 타락을 방지해준다.

주제별 영성노트

Date . . .

이 주제 말씀을 통해 주께 받은 은혜와 위로를 나눠보세요.

주제별 감사기도

Date . . .

주제 말씀을 묵상한 뒤 하나님께 드리는 감사의 기도를 적어보세요.

겸손과 온유

시 37:10-11 잠시 후에는 악인이 없어지리니 네가 그 곳을 자세히 살필지라도 없으리로다 그러나 온유한 자들은 땅을 차지하며 풍성한 화평으로 즐거워하리로다

시 76:8-9 주께서 하늘에서 판결을 선포하시매 땅이 두려워 잠잠하였나니 곧 하나님이 땅의 모든 온유한 자를 구원하시려고 심판하러 일어나신 때에로다

시 149:4 여호와께서는 자기 백성을 기뻐하시며 겸손한 자를 구원으로 아름답게 하심이로다

잠 18:12 사람의 마음의 교만은 멸망의 선봉이요 겸손은 존귀의 길잡이니라

잠 29:23 사람이 교만하면 낮아지게 되겠고 마음이 겸손하면 영예를 얻으리라

사 29:19-20 겸손한 자에게 여호와로 말미암아 기쁨이 더하겠고 사람 중 가난한 자가 이스라엘의 거룩하신 이로 말미암아 즐거워하리니 이는 강포한 자가 소멸되었으며 오만한 자가 그쳤으며 죄악의 기회를 엿보던 자가 다 끊어졌음이라

습 2:3 여호와의 규례를 지키는 세상의 모든 겸손한 자들아 너희는 여호와를 찾으며 공의와 겸손을 구하라 너희가 혹시 여호와의 분노의 날에 숨김을 얻으리라

미 6:8 사람아 주께서 선한 것이 무엇임을 네게 보이셨나니 여호와께서 네게 구하시는 것은 오직 정의를 행하며 인자를 사랑하며 겸손하게 네 하나님과 함께 행하는 것이 아니냐

마 5:5 온유한 자는 복이 있나니 그들이 땅을 기업으로 받을 것임이요

마 11:29 나는 마음이 온유하고 겸손하니 나의 멍에를 메고 내게 배우라

마 20:26-27 너희 중에는 그렇지 않아야 하나니 너희 중에 누구든지 크고자 하는 자는 너희를 섬기는 자가 되고 너희 중에 누구든지 으뜸이 되고자 하는 자는 너희의 종이 되어야 하리라

눅 14:11 무릇 자기를 높이는 자는 낮아지고 자기를 낮추는 자는 높아지리라

롬 12:16 서로 마음을 같이하며 높은 데 마음을 두지 말고 도리어 낮은 데 처하며 스스로 지혜 있는 체 하지 말라

고전 10:12 그런즉 선 줄로 생각하는 자는 넘어질까 조심하라

엡 4:1-3 그러므로 주 안에서 갇힌 내가 너희를 권하노니 너희가 부르심을 받은 일에 합당하게 행하여 모든 겸손과 온유로 하고 오래 참음으로 사랑 가운데서 서로 용납하고 평안의 매는 줄로 성령이 하나 되게 하신 것을 힘써 지키라

빌 2:5-8 너희 안에 이 마음을 품으라 곧 그리스도 예수의 마음이니 그는 근본 하나님의 본체시나 하나님과 동등됨을 취할 것으로 여기지 아니하시고 오히려 자기를 비워 종의 형체를 가지사 사람들과 같이 되셨고 사람의 모양으로 나타나사 자기를 낮추시고 죽기까지 복종하셨으니 곧 십자가에 죽으심이라

골 3:12 너희는 하나님이 택하사 거룩하고 사랑 받는 자처럼 긍휼과 자비와 겸손과 온유와 오래 참음을 옷 입고

딤전 6:11-12 오직 너 하나님의 사람아 이것들을 피하고 의와 경건과 믿음과 사랑과 인내와 온유를 따르며 믿음의 선한 싸움을 싸우라

딛 3:2 아무도 비방하지 말며 다투지 말며 관용하며 범사에 온유함을 모든 사람에게 나타낼 것을 기억하게 하라

약 1:21 그러므로 모든 더러운 것과 넘치는 악을 내버리고 너희 영혼을 능히 구원할 바 마음에 심어진 말씀을 온유함으로 받으라

약 3:13 너희 중에 지혜와 총명이 있는 자가 누구냐 그는 선행으로 말미암아 지혜의 온유함으로 그 행함을 보일지니라

약 4:10 주 앞에서 낮추라 그리하면 주께서 너희를 높이시리라

벧전 5:5-6 젊은 자들아 이와 같이 장로들에게 순종하고 다 서로 겸손으로 허리를 동이라 하나님은 교만한 자를 대적하시되 겸손한 자들에게는 은혜를 주시느니라 그러므로 하나님의 능하신 손 아래에서 겸손하라 때가 되면 너희를 높이시리라

자족의 삶

만족이란 우리 인간의 욕망을 채우는 것을 의미한다.
욕망을 채우기 위해서는 돈이 필요하기에 사람들은 힘껏 돈을 추구한다.
그들은 돈이 우리를 모든 삶의 걱정과 위협에서 지켜주고,
인생을 만족한 삶으로 이끌 것이라고 생각한다.
이와는 대조적으로 성경은 자족自足의 가치를 강조한다.
사도 바울은 '어떠한 형편에든지' 자족하기를 배웠다고 고백한다.
그는 인생의 염려나 고통에서 면제되지 않았다.
하지만 자족의 삶을 누렸다. 그가 염려나 고통 너머에 있는,
더 크고 영원한 가치를 발견했기 때문이다.
그것은 '예수 그리스도'였다.

주제별 영성노트

Date . . .

이 주제 말씀을 통해 주께 받은 은혜와 위로를 나눠보세요.

주제별 감사기도

Date . . .

주제 말씀을 묵상한 뒤 하나님께 드리는 감사의 기도를 적어보세요.

성도의 교제

시 119:63 나는 주를 경외하는 모든 자들과 주의 법도들을 지키는 자들의 친구라

시 133:1-3 보라 형제가 연합하여 동거함이 어찌 그리 선하고 아름다운고 머리에 있는 보배로운 기름이 수염 곧 아론의 수염에 흘러서 그의 옷깃까지 내림 같고 헐몬의 이슬이 시온의 산들에 내림 같도다 거기서 여호와께서 복을 명령하셨나니 곧 영생이로다

요 17:20-21 내가 비옵는 것은 이 사람들만 위함이 아니요 또 그들의 말로 말미암아 나를 믿는 사람들도 위함이니 아버지여, 아버지께서 내 안에, 내가 아버지 안에 있는 것 같이 그들도 다 하나가 되어 우리 안에 있게 하사 세상으로 아버지께서 나를 보내신 것을 믿게 하옵소서

행 2:41-42 그 말을 받은 사람들은 세례를 받으매 이 날에 신도의 수가 삼천이나 더하더라 그들이 사도의 가르침을 받아 서로 교제하고 떡을 떼며 오로지 기도하기를 힘쓰니라

롬 12:15 즐거워하는 자들과 함께 즐거워하고 우는 자들과 함께 울라

고전 10:16-17 우리가 축복하는 바 축복의 잔은 그리스도의 피에 참여함이 아니며 우리가 떼는 떡은 그리스도의 몸에 참여함이 아니냐 떡이 하나요 많은 우리가 한 몸이니 이는 우리가 다 한 떡에 참여함이라

고전 12:12-13 몸은 하나인데 많은 지체가 있고 몸의 지체가 많으나 한 몸임과 같이 그리스도도 그러하니라 우리가 유대인이나 헬라인이나 종이나 자유인이나 다 한 성령으로 세례를 받아 한 몸이 되었고 또 다 한 성령을 마시게 하셨느니라

살전 5:14 또 형제들아 너희를 권면하노니 게으른 자들을 권계하며 마음이 약한 자들을 격려하고 힘이 없는 자들을 붙들어 주며 모든 사람에게 오래 참으라

히 10:23-25 약속하신 이는 미쁘시니 우리가 믿는 도리의 소망을 움직이지 말며 굳게 잡고 서로 돌아보아 사랑과 선행을 격려하며 모이기를 폐하는 어떤 사람들의 습관과 같이 하지 말고 오직 권하여 그 날이 가까움을 볼수록 더욱 그리하자

요일 1:3 우리가 보고 들은 바를 너희에게도 전함은 너희로 우리와 사귐이 있게 하려 함이니 우리의 사귐은 아버지와 그의 아들 예수 그리스도와 더불어 누림이라

모든 일을 원망과 시비 없이

유난히 불평을 잘하는 사람이 있다.
모든 상황에서 놀라울 정도로 불평거리를 잘 찾아낸다.
불평이 많다보니 시빗거리도 많다. 툭하면 다투고 화내며 목소리를 높인다.
하나님은 우리를 위해 큰일을 계획하신다.
그러나 불만이나 다투는 마음은 그것을 가로막는다.
만일 나의 마음속에 그런 요소가 있다면, 이제는 그것을
감사와 칭찬으로 바꿀 때다. 그것은 훈련을 통해 가능하다.
부정적인 삶의 태도는 주위 사람을 불행하게 만든다.
무엇보다 자신이 불행해진다. 그러니 모든 상황에서 감사를 찾고
칭찬거리를 발견하도록 꾸준히 연습하라.

주제별 영성노트

Date . . .

이 주제 말씀을 통해 주께 받은 은혜와 위로를 나눠보세요.

주제별 감사기도

Date . . .

주제 말씀을 묵상한 뒤 하나님께 드리는 감사의 기도를 적어보세요.

성령의 사역

욥 33:4 하나님의 영이 나를 지으셨고 전능자의 기운이 나를 살리시느니라

시 139:7-8 내가 주의 영을 떠나 어디로 가며 주의 앞에서 어디로 피하리이까 내가 하늘에 올라갈지라도 거기 계시며 스올에 내 자리를 펼지라도 거기 계시니이다

겔 36:26-27 또 새 영을 너희 속에 두고 새 마음을 너희에게 주되 너희 육신에서 굳은 마음을 제거하고 부드러운 마음을 줄 것이며 또 내 영을 너희 속에 두어 너희로 내 율례를 행하게 하리니 너희가 내 규례를 지켜 행할지라

욜 2:28-30 그 후에 내가 내 영을 만민에게 부어 주리니 너희 자녀들이 장래 일을 말할 것이며 너희 늙은이는 꿈을 꾸며 너희 젊은이는 이상을 볼 것이며 그 때에 내가 또 내 영을 남종과 여종에게 부어 줄 것이며 내가 이적을 하늘과 땅에 베풀리니 곧 피와 불과 연기 기둥이라

요 3:5-7 예수께서 대답하시되 진실로 진실로 네게 이르노니 사람이 물과 성령으로 나지 아니하면 하나님의 나라에 들어갈 수 없느니라 육으로 난 것은 육이요 영으로 난 것은 영이니 내가 네게 거듭나야 하겠다 하는 말을 놀랍게 여기지 말라

요 6:63 살리는 것은 영이니 육은 무익하니라 내가 너희에게 이른 말은 영이요 생명이라

요 14:26 보혜사 곧 아버지께서 내 이름으로 보내실 성령 그가 너희에게 모든 것을 가르치고 내가 너희에게 말한 모든 것을 생각나게 하리라

요 16:12-14 내가 아직도 너희에게 이를 것이 많으나 지금은 너희가 감당하지 못하리라 그러나 진리의 성령이 오시면 그가 너희를 모든 진리 가운데로 인도하시리니 그가 스스로 말하지 않고 오직 들은 것을 말하며 장래 일을 너희에게 알리시리라 그가 내 영광을 나타내리니 내 것을 가지고 너희에게 알리시겠음이라

롬 8:11 예수를 죽은 자 가운데서 살리신 이의 영이 너희 안에 거하시면 그리스도 예수를 죽은 자 가운데서 살리신 이가 너희 안에 거하시는 그의 영으로 말미암아 너희 죽을 몸도 살리시리라

롬 8:26-27 이와 같이 성령도 우리의 연약함을 도우시나니 우리는 마땅히 기도할 바를 알지 못하나 오직 성령이 말할 수 없는 탄식으로 우리를 위하여 친히 간구하시느니라 마음을 살피시는 이가 성령의 생각을 아시나니 이는 성령이 하나님의 뜻대로 성도를 위하여 간구하심이니라